爆款IP打造与运营
内容创作+吸粉技巧+赢利模式

李伟 编著

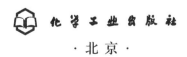

化学工业出版社

·北京·

聚焦当下文化消费市场，IP 是一个绕不过去的关键词。"IP 热"已经率先在影视、动漫、文学领域引发了持续关注。并正在向更大领域蔓延发展，未来必将成为一个新的商业风口。

从内容来源到开发方式，从营销手段到产业模式，抢占 IP 资源成为颇为流行的行业现象。本书旨在引导读者客观、理性、冷静看待"IP 热"现象，学会从产品价值链的延伸挖掘 IP 价值。

本书通过分析多种 IP 热现象，总结和归纳出了 IP 的属性、特点以及在产品价值链条上的作用。并具体阐述了打造爆款 IP 的相关方法，包括如何运营 IP 资源，将一个普通 IP 打造成爆款 IP；如何借助 IP 实现企业产品模式和赢利模式的升级，为企业管理者提供具有新时代特征的管理理念和方法。

图书在版编目（CIP）数据

爆款 IP 打造与运营：内容创作＋吸粉技巧＋赢利模式 /
李伟编著 . —北京：化学工业出版社，2018.9（2023.8 重印）
　ISBN 978-7-122-32521-1

　Ⅰ . ①爆…　Ⅱ . ①李…　Ⅲ . ①网络营销　Ⅳ .
① F713.365.2

中国版本图书馆 CIP 数据核字（2018）第 145285 号

责任编辑：卢萌萌　　　　　　　　　　　　文字编辑：李　玥
责任校对：宋　夏　　　　　　　　　　　　装帧设计：王晓宇

出版发行：化学工业出版社（北京市东城区青年湖南街 13 号　邮政编码 100011）
印　　装：北京盛通数码印刷有限公司
710mm×1000mm　1/16　印张 12¼　字数 184 千字　2023 年 8 月北京第 1 版第 9 次印刷

购书咨询：010-64518888　　售后服务：010-64518899
网　　址：http://www.cip.com.cn
凡购买本书，如有缺损质量问题，本社销售中心负责调换。

定　　价：49.80 元　　　　　　　　　　　　　　　版权所有　违者必究

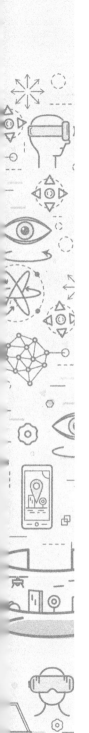

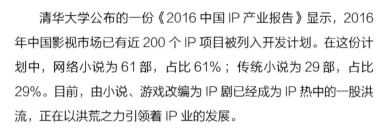

　　清华大学公布的一份《2016 中国 IP 产业报告》显示，2016年中国影视市场已有近 200 个 IP 项目被列入开发计划。在这份计划中，网络小说为 61 部，占比 61%；传统小说为 29 部，占比 29%。目前，由小说、游戏改编为 IP 剧已经成为 IP 热中的一股洪流，正在以洪荒之力引领着 IP 业的发展。

　　IP（Intellectual Property，知识产权）改编已经成为文娱行业最有力的资源，拥有优质的 IP 就意味着将获取源源不断的财富。全球票房 3.36 亿美元的《波斯王子：时之刃》，突破 10 亿美元大关的生化危机系列电影，2.75 亿美元的《古墓丽影》，上映 24 小时破 4 亿元、10 天超 15 亿元创票房新高的《西游降魔篇》……都昭示着改编 IP 的价值。

　　IP 的价值还表现在衍生品的升级和再造上。很多 IP 剧在一炮走红之后，还向衍生品和周边产品发展，从而带动了更多产业的发展。如《十万个冷笑话》最早只是一个网络上的漫画段子，凭借着幽默的风格和夸张的画风吸引了大量粉丝。后来被制作成同名动漫，便开始被更多的人熟知，第一季的《十万个冷笑话》点击量就超过十亿。在动漫的基础上，它还先后开发了电影、舞台剧、手游等；同时在衍生品开发方面也做了很多扩展，如相关的卡包、手表、玩具等，且在市场上都非常热销。

　　随着 IP 价值的不断增大，在一系列的 IP 争夺战中，尤其是互联网公司有着绝对的优势，百度、阿里巴巴、腾讯等巨头纷纷布局 IP，几乎掌握了所有的优质 IP 资源。腾讯文学与盛大文学整合，呈现出一家独大的局面。截至 2016 年年末，阅文旗下拥有约 400 万名作者、约 1000 万部作品，并开始进军影视领域。如腾讯影业参与的大电影《魔兽》，网易影业则是宣布将把手游《阴阳师》改编成同名电影，蓝港互动、完美世界、游族网络、巨人网络等游戏公司也纷纷成立影业公司。

在 IP 热的带动下，2015 年和 2016 年这两年文娱产业风起云涌、暗流涌动。为了抢夺版权、开发与制作权，有实力的影视公司、文化公司、投资机构甚至连个人网红都动辄豪掷千金。这表明，IP 将会成为新的商业风口。这是兴盛于 2014 年的新术语，在资本的强势敦促下成为商业领域的焦点，并且从最初的网络文学扩大到其他领域。现如今一个人物形象、一首歌，乃至一句流行语都可以成为 IP。

本书紧扣时代脉搏，透过现象看本质，从宏观到微观系统分析了 IP 的成因、现状及未来的发展方向，阐述了各行业各领域的 IP 合作和 IP 打造之道。全书共分为 9 章和 1 个附录，正文部分分别从 IP 的价值、属性、内容打造、版权改编、商业运作、强化粉丝黏性、变现以及与文娱业、其他行业的传统企业如何融合等方面入手，文字简洁、案例丰富、图文并茂。

附录部分还摘录了 IP 在打造和运营过程中的 8 大重点知识，如发展阶段、组成元素、商业指数计算等。作者根据自己的经验，对知识点进行系统的梳理，认真分析并以线路图的形式展现出来，使读者一目了然、一看即懂。

另外，本书还获得了苗小刚、魏丽、丁雨萌、苗李宁等老师的大力支持，他们群策群力，或提供资料，或讲述自己的经验；同时，对魏艳、苗李敏在图表设计、文字校对上的支持也深表感谢。正是集多人之智慧，此书才能成功完成，在此对各位表示感谢。

编著者

2018 年 6 月

目录

CONTENTS

目录

CONTENTS

目录

目录

CONTENTS

第
1
章

价值：IP 的生存之本

　　2016 年被称为 IP 元年，各种各样的影视 IP、网红 IP、游戏 IP……层出不穷，IP 市场呈现出百花齐放、百家争鸣的态势。但认真梳理一下就会发现，优质的 IP 仍是稀缺资源，这是为什么呢？追根究底就是核心价值的缺失，当一个 IP 没有了核心价值，也就失去了生存之本。

1.1 看上去很美，为什么屡屡扑街？

自 2016 年下半年以来，与 IP 有关的新闻总被一个词刷屏——扑街。该词频频出现在各大媒体头版头条，如《大圣归来》北美扑街？上映一周查不到票房""2016 影视剧：整体环境差古装剧全面扑街""不少 IP 剧纷纷扑街，到底谁的锅？流量明星的收视神话破了"等。

起初，大多数人并不知道"扑街"的具体含义。经查证才得知，所谓的扑街是个贬义词，最初缘于粤语中的"扑街"是一句骂人或诅咒人的话，常被译为糟糕、走路摔死等。用在 IP 上通常引申为失败的作品，如网络文学、影视、小说、歌曲等商业化后的生存窘境。

该词在很大程度上反映了大众对当下 IP 热的不满，及大多数 IP 的生存现状。事实也是如此，随着 IP 商业化趋势的加强、竞争的加剧，不少 IP 影视剧、动漫等扑街的事件还真不少。

IP 除了要面对各种各样扑街等负面信息的影响外，还要应对同质化竞争。如同一部网络作品会被改编成不同的影视剧、手游 IP，类似自相残杀式的事件频频出现。高价抢夺 IP 版权的血案时常发生，手游维权的官司也越来越多。

随着移动客户端的普及和"泛娱乐"概念的日渐兴起，由电影、动漫、小说、电脑端游戏改编而来的手游越来越多。而近几年手游 IP 的吸金指数可谓节节攀升，一些"顶级 IP"更是产生了巨大的号召力和吸引流量的效果。正因为这样，手游行业才经常出现真假李逵的事件，山寨游戏频出。

案例 1

从金庸、古龙的经典武侠小说，到国内一些大公司由海外购买版权改编的游戏，再到此前在电脑端火爆的网络游戏等，都成了"李鬼"们仿冒的对象。

2013 年，畅游游戏就对 20 多家涉嫌侵权金庸作品的游戏公司发出律师函，称他们的作品均不同程度地侵犯了金庸作品的著作权。2014 年底，盛大游戏宣布将针对市场上仿《传奇》的手游一次性发出约 200 份维权公函，涉及约 20 家公司，初步索赔合计达 5 千万元人民币。

这一幕幕不禁让人反思，现在的 IP 市场究竟怎么了？为什么一些看似很有前景的优质 IP 项目，在被改编成影视剧或进一步优化后反而遭受冷遇？

其实，只要认真分析一番，就会发现其中暗含的秘密：IP 的过度商业化，致使其核心价值正在缺失。这就是一些看上去很美、有潜质的 IP 反遭冷遇的最关键原因。IP 在中国是个新鲜事物，集中爆发于 2015 ~ 2016 年，并优先在文娱圈掀起热潮。2015 年，大量资本疯狂囤积 IP，使得一部好 IP 的改编权就高达上亿元；短短的 1 年时间，那些经多年沉淀积累下的优质 IP 就几乎被瓜分殆尽。到了 2016 年，这些 IP 集中进入收割期，由 IP 改编而来的影视作品数量已达新高，影视剧 IP 层出不穷。至此，文化、娱乐市场也呈现出百花齐放、百家争鸣的态势。

敢于第一个吃螃蟹的人总能赚得盆满钵满，这是在任何时代都不变的商业原则。我们经常发现，一个超级 IP 会带动与之相关的 CP（内容供应商）、影视文化公司、投资机构以及相关企业火起来，进而名利双收。短短的两年间，IP 就在业界引发了一股洪流，直接导致资本市场发生了大地震。很多人、很多机构甚至失去理性，花高价争夺 IP 版权，并打造热点 IP。

近一两年来，资本对 IP 的追捧表现得十分活跃。因为在很多人眼里，IP 已经不仅仅是一部普通作品，更是一件极具商业价值的商品。可以说，谁拥有了 IP 的版权或开发权，谁就拥有了可以预见的财富。

IP 促使文娱界发生了巨大变化：巨头们挟资本和天然平台优势

呼啸而来，在新生代受众逐渐成为消费主流、电影院线深入三四线城市的助力之下，新的消费习惯、思维方式、产业模式等都正在改变着人们对传统文娱的认知。如2015年中国电影票房以吸金440亿元收官，影视并购资本更高达2000亿元，到了2016年这一数据上升到457亿元。

IP的商业化让更多的资本充实进来，得到了多维度、多层面的开发。然而物极必反，在看似一片繁荣的IP热背后，大量资金的盲目投入使这块蛋糕越来越难吃，甚至隐藏着巨大的风险。2016年以来，IP市场已经出现分化，好的IP资源成为香饽饽，而大多数花高价打造的IP背后是诉不尽的眼泪。很多IP价值指数很高，商业指数的预测也很高，但往往难以变现。

IP的本质不是商品，而是鲜活的作品，无论是一首歌，还是一部小说，或者是一场话剧，都属于创作者智慧的结晶，脱离了这些结晶也就失去了存在的基础。现在，IP界面对的最大问题就是价值缺失。一些IP价值本身没有那么高，且缺乏长久生命力，却硬生生地被大资金、大平台强势导流，人为地造成了对市场的错误判断，最终的结果就是狠狠地摔了个粉碎。

由于资本的迅速涌入，影视市场形成了"无保底不发行"的怪异机制，并逐步成为业内的潜规则。那么什么是保底发行呢？所谓的保底发行，就是发行公司先向制片方承诺一个票房目标，即使无法达到也要按这个承诺支付分账票房。

案例2

在这种机制下，很多影视公司都争先做出类似的承诺，目的就是抢夺优质IP。如2013年华谊3亿元保底《西游降魔篇》、博纳4.5亿元保底《后会无期》，2014年中影5亿元保底《心花路放》。结果，这些影片无不大卖（排第三的《后会无期》也拿下近7亿元）。这使得保底潮更加疯狂，只要是预测稍佳的影视作品就可享受这份待遇。

然而，在不断变"冷"的市场面前，大额保底的效果显得越来越弱。2016 年暑期票房冠军《盗墓笔记》拼尽全力才突破 10 亿元，但保底也高达 10 亿元；《致青春：原来你还在这里》《夏有乔木，雅望天堂》保底也在 4 亿多元，但高保底超人气并没有转化成相应的市场效益，前者 3.37 亿元，后者仅 1.52 亿元。

IP 的大起大落在文娱领域表现比较突出，但其实任何一类 IP 都将面临同样的窘境。总之，目前国内大多数 IP 只能算作是普通产品级别，并不符合高度商业化进而做爆款的条件。即盲目跟风操作，必然会破坏价值规律。一个 IP 先是作品才是产品，如果一开始就将它看作产品，以高度商业化的思路操作和运作，甚至为了迎合市场而开始批量"生产"，那么结果必然会扑街。总之，为何 IP 被改编后没有取得应有的效果？最主要的原因就是过度商业化，从而脱离了价值最本质的东西。

1.2 玩 IP！先尊重知识产权

IP 在中国之所以会遭遇冰火两重天，罪魁祸首就是过度商业化。盲目的商业化运作，大规模的资本涌入，使很多 IP 开始脱离作品本身的价值，急功近利转而一味追求经济利益。其实，IP 是否应该商业化运作、是利大于弊还是弊大于利已属老话题，且在美国等发达国家早有先例。早在 20 世纪 90 年代，IP 的概念就在美国动漫产业出现，并取得了很好的发展。如 DC 漫画《超人》、电影《蝙蝠侠》系列，还有日本动漫《海贼王》《名侦探柯南》《火影忍者》《哆啦 A 梦》，游戏《魔兽世界》等。综观这些经典 IP 可以发现，它们之所以会长年不衰是因为有一个相同的特征：内容和价值的高度一致。

如《海贼王》丰满的故事情节，鲜明的人物性格，使它能不断"圈粉"；再加上持续更新，注入新鲜血液，至今仍受欢迎。其实，很多超级 IP 自诞生起就一直在变化和创新。因为一部作品要想保持高价值及超强的粉丝黏性,就必须保证稳定的内容输出,并且要善于创新。

无论是国内 IP 还是国外 IP,一个好的 IP 都必须做到:有价值。提到价值,我们可以从 IP 的起源上去追溯。关于 IP,大多数人首先想到的是"IP 地址"(Internet Protocol Address),其实它还有另外一个意思——知识产权(Intellectual Property)。当前大家所说的 IP,更多的就是指"知识产权"这层含义。当然,这是我国独创性的叫法,在美国等其他国家并非这样。不过,这并不意味着外国就没有 IP,他们的 IP 业反而发展更早、更完善,通常称作独享权利(Intellectual Property Rights)。

这里的"独享权利",就是我们现在说的 IP。独享权利是国际上对 IP 的一种更通俗的叫法,泛指发现与发明,以及一切倾注了拥有人心智的、被法律赋予独享权利的知识财产。从概念可知,IP 一词最初来源于科技发明和专利领域(具体可见附录:爆款 IP 线路图1)。科技发明和专利领域的知识产权有明确的生命周期,即保护期限,就像某个技术专利申请后只在保期内受保护,过了这个期限保护权就消失,若想继续得到保护则必须重新申请。

目前在我国,IP 所包括的范围通常已经超越了这一局限,更多指的是内容和文化产品方面,如文学、电影、漫画、游戏等。IP 的生命周期也不是全由专利期限来决定,而是由用户喜好来定。

可见,IP 从本质上说是一种受法律保护的知识产权。它可以分为:IP 版权、专利权、工业设计权以及对商标、商业外观、商业包装、商业配方和商业秘密等进行保护的法律权力。IP 可以是一部电影、一部小说,还可以是小说作者、漫画家,也可以是电影导演等。网络作家收入排行榜多年位居第一的唐家三少就是一个爆款 IP,他写过的每一部小说就是一个 IP;同理《火影忍者》作者的新漫画不出意外也会成为日后的爆款 IP,就如同李安导演的每一部新电影也有极大可能成为爆款 IP 一样。因此,通过不断创造更多的爆款 IP,就可以让现有的爆款 IP 更有生命力。

IP 这一概念是从 2014 年开始兴起,2015 年开始走红的(具体可见附录：爆款 IP 线路图 2）。IP 是有产权的，产权就预示着有很多可挖掘的价值，并且经过科学、合理的运作可以产生更大的价值。

1.3 IP 商业价值：生态化战略

IP 的初级阶段仅仅指一种知识产权，是 IP 拥有人为保护自己劳动和成果而获取的一种专有权利。到了商业运作阶段则主要指的是财产，因此也被称为知识财权，言下之意就是在原有价值的基础上，拥有了更大、更多的额外价值和附加价值。

IP 在商业化后，就被赋予了更大的价值空间，并可能产生一系列的衍生品。

《盗墓笔记》就是重构的爆款 IP。除了影视以外，还与很多联动资源实现了连接，如小说、音乐、视频、游戏、动漫、手机、电视、VR 设备甚至体育。这样一来，一个 IP 的价值便扩大了数倍。利用一个大平台，还可实现完美的互动。

IP 生态化战略每年都可通过各大渠道产生数亿用户的各种数据，而这些数据又可成为 IP 创作和开发的重要依据，使 IP 更能满足大众的需求。换句话说，在生态化模式中 IP 的发展可实现良性循环，价值可得到自身的繁衍、创新和进化。

IP 生态化战略的发展思路具体如图 1-1 所示。

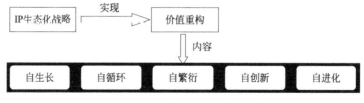

图 1-1　IP 生态化战略的发展思路

一个 IP 生态化发展的孵化器，它并不是把某个 IP 当作一部电影、一部电视剧或一首歌来单纯地运作，而是看作一个可以承载生态化系列 IP 来实现价值的衍生和重塑。

不过对于 IP 生态化，业界至今仍没有一个统一的概念。可以说其定义有些模糊，且说法不一。按照行业内通常的理解，所谓的生态化就是要突破单一的运作模式，遵循"相生相克"的生态规律，走上多层次、多纬度的共同发展之路。

其实IP生态化在农业领域早就付诸实施，如褚橙、柳桃、潘苹果组成的"三果志"就是典型代表。其中尤以褚橙最有代表性，也最为成功。下面我们就来看一下褚橙是如何玩转IP营销的。

案例 3

策划过"褚橙进京"的"本来生活网"副总裁戴山辉曾在接受采访时说，他们接触褚橙之前，褚时健已经在哀牢山上种了十年的橙子，且在云南当地卖了好多年，只不过当时不叫褚橙，价格也要低很多。

褚橙之所以在一夜之间发生了如此大的变化，就是找到了一个突破点——好产品。可以说好产品是基础，没有这个基础无论如何也玩不转。另外，策划团队还找到了褚橙之所以在十年间一直默默无闻的根源——没有合适的推广和营销策略。

因此，策划团队并没有对产品信息进行简单的发布，而是以"建立人与人之间的连接"为中心，以"人生总有起落，精神终可传承"为标语，把"褚老十年种橙哀牢山"的故事告诉了大家；同时用了一系列报道来渲染产品的IP化，如《褚橙进京》《褚时健：褚橙成为励志橙》都在很大程度上引起了消费者内心的共鸣。

通过这一系列运作，"褚橙"的定位已经不再仅仅是一个单纯的橙子，而是一个精神符号——"励志橙"。此后又连续几次以"励志"为主题进行报道，慢慢地在消费者心目中树立起"励志橙"的高大形象。就这样，"褚橙——励志橙"脱颖而出，成了橙子品类中一个独特的"产品概念"。

这就是典型的IP生态化玩法，即通过IP本身以外的价值重塑来实现向商业化运作的转型。如果褚橙只是单纯地宣传橙子的功能，如产品如何如何好，肯定难以取得今天的成就。现在之所以能誉满天下，关键就在于实现了价值的重塑：将"励志橙"的品牌与褚时健的个人阅历绑定在一起，借助其人格魅力与消费者建立起信任的关系，为消费者提供功能以外的购买理由，最终实现了品牌溢价。

褚橙凭借褚时健的个人影响力吸引着粉丝，让一个小小的橙子具有了产品以外更加丰富的价值。这说明能够打动消费者的已不再是产品本身，而是产品背后的精神价值。其实，在物质丰富的今天，我们缺的不是高质量的产品，而是有温度的产品。因此在打造一个品牌时，要赋予产品本身属性以外的温度。这种温度正是一种新的消费需求，也必然会成为将来的一个发展趋势。

赋予产品本身属性以外的温度，就是商业化的价值所在。IP 不只是符号，还要能被赋予附加价值。优质 IP 会吸引粉丝的参与，引发用户产生情感上的共鸣，并促使他们乐意、主动分享和传播。在与用户交互的过程中，逐渐丰富内涵并进行扩散。IP 的商业逻辑用一句话来总结就是：通过价值外溢来实现优质内容的持续输出，通过价值观来聚拢粉丝并获取粉丝的认可。有了内容的持续输出和粉丝的认可，IP 便可被认同；有了传播的基础，便可实现由此带来的经济效益。

IP 从产权到商业化是一个持续创造价值的过程，而商业化是 IP 价值的延伸和再造。所以说，IP 只有商业化才可能产生经济效益。

1.4 IP 的价值在于衍生和再造

IP 虽然有价值，却非常有限。如果想单纯地靠其自身的价值去实现赢利，则可能"火"一把就会彻底销声匿迹。从商业角度讲，这肯定是不行的，因为企业要的是持续赢利。这就需要用商业的思维去深度挖掘，让一个单一的 IP 具有再生长的能力、具有持续创造的能力。

很多投资方、影视文化公司或者制作团队，正是看重了 IP 本身的价值及其可能延伸出的价值，才决定投入大量的人力、物力、财力。IP 的价值体现在两个方面：一个是价值衍生，另一个是价值再造，如图 1-2 所示。

图 1-2　IP 的价值体现

从根本上讲，价值的衍生和再造是 IP 具有持久生命力最核心的影响因素。没有价值的 IP 是残缺的，即使依靠外在力量得以支撑也经不起市场的长久考验。这就像一个病人，精气神被掏空了，即使有看似鲜活的外表也是不健康的。

（1）价值衍生

指 IP 本身的价值，如将一款游戏改编成电影、一本书改编成电视剧，那么这款游戏或者这本书本身就具有很大的价值，在经过改编之后价值会更大。体现在无数的细分领域和无数的衍生产品中。

案例 4

如《魔兽》《盗墓笔记》《太子妃升职记》这样的 IP，其价值就远不止一部电影，利用影视这个纽带可以和万事万物相连接。以《太子妃升职记》这个 IP 为例，网剧本身收益非常有限，但延伸和嫁接就可以带来更多的利益。《太子妃升职记》实现了 16 亿元的高额收益，创造了中国网剧乃至电视剧 IP 的最高纪录。

再如迪士尼 1 年票房只有几十亿美元，为什么市值会超过 1500 亿美元呢？这是由于迪士尼依托品牌 IP 进行了跨界衍生，开发了多种文化产品。

（2）价值再造

指原本的东西是没有什么价值的，但可能存在可挖掘的价值，或者换一种形式就会重新焕发生机。即对于一些"过气"的东西来说，IP 有"起死回生"的功效。

案例 5

根据游戏改编的大电影《愤怒的小鸟》曾风靡一时，并大大带动了其衍生品的销售，如蒙牛、麦当劳、加多宝、恒大冰泉等品牌都推出了"愤怒的小鸟"特别款。而在改编之前，此款游戏处于什么境况呢？据说已经走向穷途末路，曾开发这款游戏的 Rovio 公司于 2013 年、2014 年、2015 年连续三年亏损。而大电影《愤怒的小鸟》的上映，重新激活了游戏品牌，并获得了大量新的发展机会。

IP 蕴含着巨大的潜质，使不少文化公司、影视机构、投资机构纷纷投身其中。而爆款 IP，更是被看作打通商业链接的互联网新物种。

如中文在线就与王马影视、人民文学出版社等进行了 IP 一体化合作签约，未来将进一步共同深挖文学 IP 价值。据中文在线方面介绍，文学 IP 已成为泛娱乐产业的重要发源地，"中文在线将通过'IP 一体化'战略，以文学 IP 为核心，进行全产业链运作、全方位运营，打通产业链条以发挥协同效应"。

2016 年，对 IP 的运作重点，从纸质、文学作品转向更有潜力的 IP 领域，开展传统图书出版与动漫、网游、影视、周边衍生品等产品形态的同步、多元开发。

1.5 打造爆款 IP 的两大条件

正是因为优质 IP 资源的极度稀缺，才引发了 IP 的恶性竞争。稀缺意味着市场还有很多机会，只要能够拥有优质 IP 或者说拥有打造优质 IP 的能力，就仍然可以在市场上站稳脚跟，进而取得更大的竞争优势。

在互联网经济时代，非常流行爆款这一说。无论一个品牌还是一个产品，只要成为爆款，就意味着占领了市场，获得了大众的认可。那么如何打造爆款 IP 呢？首先需要了解一个 IP 是如何进化的。IP 的进化过程大致可分为三个阶段：起源层、发育层和获利层，这也是一个作品最终能成为具有高价值 IP 的必经过程。

第一个是起源层，IP 的源头阶段。它可以是小说、漫画、动画、电影等，也是 IP 产业链的最低端。这个阶段是以众多企业或个人的智力投入为主。

第二个是发育层，IP 的发育阶段。它是 IP 产业链的中端，主要是以互联网、出版社、影视公司等为代表的 IP 开发平台，以投资入股、买断版权、提供报酬等方式，向原始 IP 提供适应性改造建议和展示、销售平台。这个阶段的作用是进一步扩大 IP 的影响力，以获取更多的受众。

第三个是获利层，IP 的收获阶段。通过前两个阶段的创造和建设，IP 已经能够在多个领域进行套现。它是产业链的最高端，即影视巨头和互联网巨头对优质 IP 进行二次开发或多次开发。具体就是通过小说、影视剧、娱乐节目、游戏、动漫等不同形式的开发，产生忠诚度较高的核心用户群体和协同效应，从而提高 IP 的增值变现能力。

从这个角度来看，一个 IP 从最初的作品成长为具有高价值的商品需要经历非常漫长而曲折的过程，可以说是多方精心打磨、相互合作、共同努力的结果；同时还需要运气的光顾，毕竟并不是所有的 IP 都能成为爆款 IP。

一个成功的"IP 开发"应该围绕 IP 的商业价值在不同领域进行反复开发，直至让 IP 的核心生产力充分发挥出作用。然而，任何一个 IP 从作品到商品的成长过程中，其价值都是在不断地发展变化的。可见，要成为爆款 IP 必须符合两个条件：一是已经获取了价值外溢，有一定程度商业化运作的基础；二是前期积累了大量的忠诚粉丝，如图 1-3 所示。

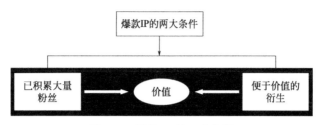

图 1-3　爆款 IP 的两大条件

如《神偷奶爸》系列喜剧 3D 动画电影，曾创造了轰动一时的票房纪录，被认为是当时的一个爆款 IP。而其最重要的一个标准就是符合以下两个条件：一是获得大量观众的认可，屡创票房纪录；二是经过一系列的商业化运作后，其衍生价值得到了尽可能的放大。尤其是对影片中的主人公角色——小黄人进行延伸打造，使得与之有关的纪念品、影片、游戏层出不穷，如《迷你小黄人》《小黄人大眼萌》便是其最成功的产物，如图 1-4 所示。

图 1-4　爆款 IP 神偷奶爸

只要认真梳理就会发现，凡爆款 IP 都符合以上两个条件，这也是目前 IP 的商业逻辑。其实方法很简单，就是在现有 IP 的基础上不断开发出更多的 IP，以吸引更多的粉丝和消费者。因此，业界很多人认为，爆款IP的标志或者将爆款IP运营到极致的标志，就是其衍生品也十分受欢迎。

通过纵横联合的方式将利益最大化，是打造精品爆款IP衍生品的商业逻辑。为了更好地理解这个概念，要抓住以下两个关键词。

（1）精品化

精品化，是打造爆款IP衍生品的重要一点。所谓的精品化就是质量上乘，一定要能引起人们足够的关注，并且发自内心地喜欢。

如很多毛绒公仔，曾经也是以打造爆款IP的标准来开发的，但最终结果不甚理想，定价高、质量差，给粉丝的感觉很不好。这岂不是自砸招牌？反观迪士尼授权开发的毛绒公仔，定价虽高但质量上乘，无论大人还是小孩都喜欢，而且很多人愿意买来赠送给朋友，可谓名副其实的爆款IP。

（2）纵横联合

什么是纵横联合？简单来说就是联动厂商和各个销售渠道，甚至自建渠道打通市场，让产品最大限度地被更多消费者所熟知。

日本动漫爆款IP衍生品的操作在这方面就十分到位，衍生品专卖店和授权店遍布全国各地，甚至还有各种线下活动或签名活动。

爆款IP的商业逻辑其实很好理解，总结起来就是"做好产品，将更多能帮自己变现的合作伙伴及渠道纳入一个良性运作的体系"。IP的商业运作实质上就是一次流量的迁移，从一个大IP中分化出小IP，以实现跨平台、低成本、高价值的传播；即使价值的可挖掘性有限，但成本低也会吸引很多企业去做。这也是现在很多企业大量收购、囤积IP版权的原因。

如今有很多企业、行业大咖、明星艺人都开始培育自己的IP，例如罗振宇、罗永浩等借助自媒体和自身内容的生产力聚拢粉丝，实现自带流量和势能，不仅降低了引流成本，而且还摆脱了单一平台的制约，从而做到了跨平台进行流量分发。

　　随着各种互联网红利的耗尽，营销成本在不断增长，流量已被大的平台垄断。在这种情况下，品牌急需要低价、精准的引流。而IP 化运作符合绝大多数企业，尤其是中小企业、个人品牌的期望值，这从网红经济的兴起就可见一斑。通过网红个体引流的成本要比平台低很多，而且更加精准，也更容易提高品牌黏性。

第2章

属性：爆款IP的8个特性

当前的"IP热"主要有两股洪流：一股是创作热，即作家、编剧等创作人员写的IP作品；另一股是投资热，即文化公司、投资机构、影视公司等大量购买IP版权。无论是创作还是购买，都必须做好一个前提工作，那就是知道什么是好IP。好IP有着共同的属性，只有明确这些属性才能创作有门、投资有道，顺利达到预期目标。

2.1 价值性：凸显主流文化和核心价值

IP 作为一个文化产品，首先必须有自身的价值。有价值才能吸引大众，这也是长期立足市场的最基本要求。综观那些优质 IP，为什么能在顷刻间俘获大众的心？就是因为它们具备了与受众一致的三观。而我们也就不难理解为什么"合家欢"类型的 IP 能一直受大家欢迎，因为它所表现出来的正能量可真正打动受众，震撼受众心灵。

判断一个 IP 是不是爆款，或者有没有成为爆款的潜质，关键是看其内容呈现的、宣扬的是不是积极向上的价值观、世界观，所传递的信息符不符合大多数人的价值观、世界观。

案例 1

Papi 酱被冠以"2016 年第一网红"的称号，以夸张、搞怪的风格被大众所认知；同时，也被视为网红界的一个超级 IP，受到诸多投资人的青睐。那么，这样一个相貌并不出众的大龄女孩是如何获得这些"殊荣"的呢？就是因为她所展示的内容总是释放着正能量。要知道，她是一个网红，主要靠视频、直播等方式与大家互动。而一提到网红，一般人都会认为是靠脸吃饭、靠色诱人、靠低俗哗众取宠。

但 Papi 酱的内容大多是以人们的日常言行，或大众关注的社会热点现象为题材，如追星、人情关系、就业、奥运等。毒舌般的吐槽，尽管有些夸张，但善恶分明，崇尚真实，摒弃虚伪，有清晰的价值观。再加上搞怪、幽默的表现方式，满足了当今很多人的内心需求，因而吸引了大量粉丝。

Papi 酱的视频赢得了不少粉丝的追捧，部分视频列表如图 2-1 所示。

图 2-1　Papi 酱贴近大众的视频

　　Papi 酱的案例说明，一个好的 IP 总是能吸引人，而前提就是可持续提供高质量的、有价值的输出。也就是说，要想成为爆款 IP 就必须体现高价值。没有价值，仅靠各种噱头如何征服人心？那么，什么样的价值才算是符合要求的呢？就 IP 而言，是指能体现当下的主流文化，或者最核心的价值观、世界观，使大众看、听或者接触到之后产生对世间美好事物追求的想法，如责任感、正义、尊严等正能量的内容。

在任何时候，生活在世界任何地方，都向往最美好的东西，这是人的共性。一个 IP 所传递的东西必须是人们所向往的、期待的，才能保证作品的生命力。

美国好莱坞的作品之所以能在全世界得到认可就是因为其中蕴含的公序良俗观念能够引起观众的共鸣，如图 2-2 所示。《蝙蝠侠》宣扬的是民间正义，《蚁人的屌丝》宣扬的是平民英雄主义，《美国队长》宣扬的是爱国情怀，《超能陆战队》宣扬的是社会责任感。

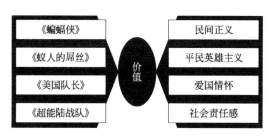

图 2-2　好莱坞经典影片 IP 的高价值

价值性是一个 IP 最核心的要素。真正的 IP 都有自己的价值观和哲学观，不只是处于故事层面的快感，也不只是短平快消费后的狂热，而是在故事中所强调的世界观。其实，从这一层开始才真正进入 IP 的核心制作，即开发深层内核。

多样的价值可以使得不同类型的观众产生发自内心的认同感，不仅具有传播广度，更具有传播深度，能够跨越文化、政治、人种、时空以及一切媒介形式。由此，爆款 IP 通过价值观的沉淀对全球观众产生了审美影响和文化层面的持久影响。

2.2 独特性：给 IP 贴上独一无二的标签

一个 IP 如何能在众多 IP 中脱颖而出？如何能在有限的时间内吸引大众的目光？如何能最终取得良好的社会、经济效益？最重要的一点，就是要有独特性。独特性是衡量一个 IP 是否具有爆款 IP 潜质的最基本特征，也是区别于其他 IP、扩大知名度、树立品牌力的决定性因素。

同时，一个IP只有具备独特性，才能被大众所识别、记忆，从而产生认可和忠诚度。

IP的独特性表现在对新元素的运用、市场规律的把握上，尤其是那些正在流行的、时尚的、主流的、经典的、经久不衰的，或根据内容提炼的独创性元素等，具体如图2-3所示。如果能将这些元素植入到自己的IP中，那无疑将会变得独一无二，更加符合市场的发展趋势，符合未来的新需求。

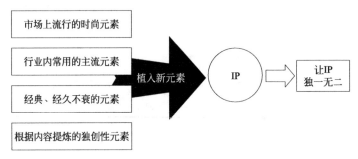

图2-3　植入IP中的新元素类型

案例 2

日本移动游戏发行商和即时通信应用运营商Line于2015年6月对外宣布，与迪士尼合作开发的益智消除类手游《迪士尼消消乐》（Disney Tsum）正式开放。这款游戏的独特性不在于游戏本身，毕竟手游类的游戏很多，消消乐类的游戏也层出不穷。而最关键的是与大品牌IP迪士尼的合作，这无形中就会吸引很多迪士尼的粉丝和爱好者。

果不其然，这款游戏上市后的短短几天内，iOS和Android双平台的全球下载量就超过了6000万次。移动应用市场研究公司App Annie的数据显示，《迪士尼消消乐》在日本市场的收入仅次于《怪物弹珠》《智龙迷城》和《白猫计划》，排名第4位；在全球收入最高的移动游戏中，则排名第10位。

《雨血》系列是一款单机游戏，自 2012 年第一部上市以来后续还有 4 部，凭着优秀的人物设计以及游戏中的各种亮点，成为近几年崛起的一匹黑马。这里就以其第一部作品《雨血：死镇》为例，它是一部个人作品，先前并不被游戏厂商、开发团队所看好，且本身也有很多缺点。但在制作过程中加入的一个亮点，让许多玩家开始喜欢上这款游戏，并引起了非常广泛的关注。

这个亮点就是引进新的引擎——Unity 3D 引擎，这个新技术看起来更像是一个游戏编辑器，具有便捷的图形交互器，支持的平台包括 Windows、Mac、Wii、Ios 以及安卓。其中的 Unity Web Player 更可以用来发布网页游戏，使 Unity 在移动终端游戏以及速成网页游戏等的制作上有了更大的优势。

《迪士尼消消乐》《雨血》等高人气游戏，本身的题材并不是特别新颖，如果按部就班地去打造，势必会过于常规化，以致也许还未上市就会被各类游戏的洪流所淹没。但它们都无一例外地找到了一个可令自己脱颖而出的方法——给自己贴上独一无二的标签。《迪士尼消消乐》引入的迪士尼形象，《雨血》引入的 Unity 3D 引擎，在同类 IP 中都是独一无二的。也正是因为这些外在力量的介入，才使得它们能在短时间内走红。

上述两个案例从某种意义上证明了独特性对于 IP 的重大助力，也表明了要想成为爆款 IP 就必须讲究个性、富有创新。

不过值得注意的是，这种表现形式和元素只是 IP 爆红的一个必要条件，而并非决定性因素。如果盲目迎合市场，过度追求与流行元素的结合甚至跟风，那就有可能起不到应有的作用，也许还会适得其反。现在很多 IP 创作者都过于注重表层形式的操作，导致作品跟风严重、先天不良，无法挖掘到吸引观众的核心，大大制约了创新性和价值性。

以现在比较流行的"中国风"元素为例，武侠、功夫、清宫、唐服等中国风元素在国内很多影视作品中都有体现，但大多局限于只关心一个时期内流行什么风格，或只停留在一个肤浅的层次上，而未能结合作品的故事和核心价值加以延伸，导致许多作品只是流于一时，甚至很快就销声匿迹了。

如现在流行对《西游记》的改编，但大多数作品都未能抓住西游记的故事和价值观的核心。《大圣归来》算是做得比较好的一个，它极其注重中国风艺术风格以及人物美术的设定，商业化变现也做得很好，甚至能让一个不懂中国文化的外国观众看懂。

电影《大圣归来》怪兽混沌源自何处？

在国产动画片《大圣归来》里，孙悟空棒打的并非《西游记》里有记载的任何一个妖怪，而是一个会喷火的巨型大肉虫。这肉虫到底是何方神圣？

导演田晓鹏接受媒体采访时说："那是《山海经》里记载的怪兽——混沌。"混沌是个长脚的大肉虫？田晓鹏说，这完全是遵照书里的描写所制作的：肥圆，没有五官，长着六条腿。不过，记者查找关于混沌的描述，还有一种说法是：混沌的模样像狗或熊，人类看不见它，它经常会咬自己的尾巴并傻笑。但别以为这是个傻萌傻萌的妖怪，混沌见到高尚的人，会大肆施暴；而遇到恶人，就会听从指挥来帮着作威作福。

所以，混沌当真是个坏蛋，难怪会位列中国上古"四大凶兽"之一。其他三大凶兽分别是：抑善扬恶的穷奇，恶人死后演化而成的梼杌（táowù），以及轩辕大战蚩尤，蚩尤被斩之后头部落地化成的饕餮（tāotiè）。田晓鹏说："之所以选择混沌，是为了区别于西方化的魔兽。而《山海经》里记载的妖怪，也能够做得很具视觉冲击力。"（相关内容来自人民网）

为了迎合潮流，最容易陷入的一个思维死角就是跟风。要知道与流行元素的结合，体现独特性不是跟风，或者说不仅仅是跟风，同时也要善于创新，做出特色，体现出自身的核心价值。综观哆啦 A 梦、海贼王这些享誉世界的动漫形象，并非都具有日本风格的元素，体现日本人的特征。但这些角色本身所承载的价值观与精神内核非常符合日本文化，因而成了日本文化的标志。

2.3 内容性：好的内容是 IP 的生命线

如果说独特性只是 IP 的外衣，那么内容就是其肌肉和骨干了。正所谓无内容不 IP，最优质的内容才可能缔造最有价值的 IP。

在当前这个快节奏的社会里，很多人都尊崇快餐文化。快餐就是速成食品，快捷方便，口味不错，备受年轻人青睐。但由于缺乏营养，也成为很多人抨击的对象。这就形成了一味追求"快"的文化，结果导致做什么事情都追求速成，不注重深厚积累和内在价值的文化思潮。

当前很多 IP 也是这样，因急于求成，致使内容匮乏，再加上一些内容本身并没有价值，所以 IP 的"虚火"越烧越旺。一夜之间，人人都在谈 IP，人人都可以创作 IP。当"审美"让位于"体验"，"创作"让位于"生产"，"艺术"让位于"消费"，就会出现本末倒置、颠倒是非的现象。

以影视 IP 为例，剧本创作本来就是个细工、慢活，需要静下心来，用严密的思维和创新的精神去思考、构思和写作。结果个别创作人员急于求成，在几个月的时间内就搞出一个剧本，使之变成了拼稿、凑稿；而投资方盲目追求高额利润，不断缩减制作成本、缩短制作时间，出来的作品也就漏洞百出。更有甚者，制片方专门找来大数据下最热的词语，以此为题材去拍影片，造成本末倒置的现象：数据采集代替了思想深度，话题炒作代替了理性判断，贴标签代替了性格塑造，"颜值"（形容人物容貌英俊或靓丽的数值）代替了演技，滥情代替了叙事。

这种变化已引起了社会性焦虑：难道"内容才是硬道理"这句话

过时了？"IP"生产是否就与艺术追求完全对立起来了？显然不是。一方面是 IP 版权费的屡创新高，另一方面是 IP 票房变现能力的急速降低，IP 热还能继续吗？

案例 3

自《爸爸去哪儿》大电影上演以来，由综艺节目改编为影片便开始火爆荧屏，并呈现出一股热潮。2016 年 1 月 15 日上映的《极限应战之皇家瑰宝》，就脱胎于东方卫视综艺节目《极限应战》。从那之后，类似的电影纷纷呈现，如《奔跑吧朋友》《中国好声音之为你转身》《我即是我》《舌尖上的新年》都是改编自相应的综艺档节目。

然而这些综艺类 IP 影片，票房却不容乐观。除《极限应战》表现稍住之外，其他的都反应平平。与前两年同类型的影片《爸爸去哪儿》相比，可以说是完败。这预示着综艺节目类 IP 影片很难再有突破。

对于这类 IP 的遇冷，业内人士分析认为，一方面是受票房补助落潮因素的影响，另一方面是最主要、最根本的，即在内容上出了问题。综艺节目做得很不错，观众也很喜欢；但是改编成影片之后，这种势头就不一定会延续。因为两种完全不同的作品，对内容的要求是不一样的，表现形式也有很大的差异，而盲目地将两者等同看待，遇冷的可能性就会大增。

如今人们都过于注重 IP 的最终效益而忽视了过程，那种简单地用"IP+ 明星"的操作方法改变了影片的自身规则。尤其是本身就很好的 IP 作品，对编剧改编故事、导演讲故事的才能要求都很高，假如不是踏踏实实地做，再好的 IP 也难以成功。更何况大多数 IP 都是由网络文学转化而来的，内容的艺术性和文学性本身就很有限，因而仅仅靠一时的点击率是行不通的。

抱着急于求成的态度，用 IP 效应来挣快钱，早晚要被市场抛弃。要想打造和检验一个优质的 IP 就要注重内容，因为内容决定一切。妄图用做快餐的方式去批量制造 IP，其结果必然是竹篮打水一场空。

现在是个"内容为王"的时代，新媒体、新技术深刻改变着媒体的格局和舆论生态，没有好的内容势必不会长久发展。一个 IP 是否足够优秀，并不只是具有流行要素、属于当红作品就行，还需要满足一定的内在条件。

2.4 故事性：好的 IP 都是在讲故事

好的 IP 都很重视内容，那么这些内容要如何呈现出来呢？最好且最容易被大众接受的方式就是讲故事，毕竟人类的大脑天生就容易记住故事。故事之所以威力巨大，是因为它总能使人联想起画面，也就是具有所谓的画面感。

因此，一个好 IP 首先是一个耐人寻味的好故事，无论是一部作品、一款游戏，还是一首歌、一幅漫画，大家真正喜欢的都是背后的故事。

案例 4

音乐改编成的影片，如《栀子花开》《同桌的你》；漫画改编成的影片，如《滚蛋吧，肿瘤君》；话剧改编成的影片，如《十二公民》《夏洛特烦恼》。

《琅琊榜》凭借着荡气回肠的故事深得观众青睐，讲的是神算子梅长苏凭借超越常人的智力和情商，通过发挥不同于大众的超常价值，完成人生使命的故事。

《琅琊榜》的作者是海晏，在小说发表几年之后才被拍成电视剧。播出后便迅速走红成为爆款 IP，究其最大原因还是故事好。一个将军之子，家族蒙冤，侥幸存活，却经历锉骨削皮之磨难，换掉往日容颜，变身为一个城府极深、心机重重的谋士，游走在江湖和朝廷之中，最终脱胎换骨重新来到自己的国家，开始了一步步的复仇之路……

《琅琊榜》最成功之处就在于它的故事性。我们仔细分析任何一个强IP，会发现往往都隐藏着很深刻的故事，正是其中的故事吸引了用户关注，引起了市场轰动。

好莱坞也曾总结过历史上所有经典影视作品的共同特征，那就是故事好。

在电影内容的延伸方面，如果做得具有故事性，影片将会非常成功。在好莱坞的漫画中，尽管漫画本身有非常完善的故事架构，但每次搬上大银幕前都会对故事进行重新编剧。成功指导了《复仇者联盟》的乔斯·韦登，在第二部《奥创时代》里同时担任了编剧与导演，可见基于动漫的故事对于一部成功商业电影的重要性。

华纳兄弟能拿到《哈利·波特》的电影版权，推出最卖座的系列作品，便离不开对原创故事的重视。

案例 5

前华纳影业总裁，阿兰·霍恩曾回忆："甚至书在英国还没有红，我们就已经拿到了故事的电影拍摄权。""一位英国女士某天在书店偶然买了这本书，准备当作礼物送给家人。她特别喜欢这个故事，就把书拿到自己的老板大卫·海曼（她是大卫的助理）面前，说：'你一定得看看这本书，它实在太精彩了。'后来的事情是这样的：大卫曾与华纳兄弟有过合作，他的童年玩伴莱昂纳尔·威格拉姆正是我们的一位主管，所以极力劝说我们买下这个故事。而当时，我们根本不知道这意味着什么。随后书就爆红了，电影也跟着一飞冲天。"

但华纳的好运还不止于此，霍恩回忆道："在这本书还不为人所知的时候，我的前任主管曾邀请梦工厂（华纳的对手）共同制作《哈利·波特》，但对方拒绝了。后来，这个故事就像冲天火箭一般迅速横扫各大畅销书榜。梦工厂见势又重新提出：'我们曾收到贵公司的邀请，希望双方能够竭诚合作。'可我告诉他们：'不，你们拒绝过一次，就再也没机会可谈了。'而且语气十分坚决。现在看来有点儿意思吧？"

IP 的故事性告诉我们：故事的影响力超过一切，无论什么样的 IP，好故事永远都是用户所希望看到的。故事是推动 IP 的一种工具，所以一个 IP 首先需要关注故事以及故事的讲法。

在人的大脑中，处理画面的皮质区域非常大，因而可以非常轻松地处理大量的场景视觉信息。图 2-4 所示为人的大脑构造，最右侧区域也叫枕叶，就是我们大脑中处理视觉的部分。与处理听觉、味觉、嗅觉和触觉的区域相比，这部分区域的神经元数量最为庞大。

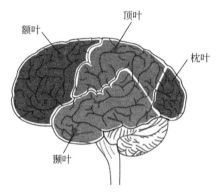

图 2-4　人的大脑构造

人类先祖在长达 200 万年的进化过程中，视觉扮演着极其重要的角色。原始人每天需要甄别数以千计新出现的水果、树叶、昆虫和野兽，才进化出了如此庞大的视觉系统。所以，具有画面感的故事最容易被用户迅速记住。

但在现代市场中，我们不难看到随着资本涌入以及各种恶性的收视之争，影视界也好，文学界也罢，各种恶意炒作、盲目跟风等不良现象都使得 IP 讲故事的能力大大弱化，这种现象是不利于 IP 长远发展的。

其实有没有热点元素、流行元素，并不是那么重要。重要的是有没有好的故事，以最大限度地激发大脑中的视觉系统。有好的故事就一定能吸引大众，没有好的故事即便在营销策略上用尽招数也将会昙花一现，最终被市场抛弃。

如制作一部改编的 IP 电影，原 IP 具不具备做成电影的潜质，最基本的决定要素就是故事。故事是基础，是与品牌衔接的关键点，是营销和传播层面工作的重心，也是让制片方、投资方投资的重要衡量标准。没有足够好的故事，一切都将是空头支票。

故事思维，就是一种场景化、具象化思考的能力，也是人脑红利时代 IP 最需要的一种能力。如果一个 IP 真的能利用故事为粉丝创造巨大的价值，那么分析与 IP 之间就会产生良好的化学反应。票房超 7 亿元的青春爱情影片《从你的全世界路过》就是完全建立在故事思维的基础上，其中无数个让所有人心动的故事，爱情故事、婚姻故事、生活故事贯穿始终，构建了极高的品牌辨识度。

2.5 粉丝性：粉丝说好才是真的好

IP 的"火"在很大程度上是由粉丝力量推动的，如那些爆款游戏、图书本来就深受游戏迷或书迷的喜爱。很多超级 IP 的成功都离不开背后强大的粉丝团，粉丝已经成为一个 IP 成功或失败的主要原因。

如大型古装 IP 剧《锦绣未央》《三生三世十里桃花》是少有的几个在拍摄前就受到极大关注的 IP。之所以被如此关注，其原因就在于它们改编自同名小说，而小说版本曾红极一时，在潇湘书院长期占据着月票榜、钻石榜和订阅榜的前位。

这样热门的小说本身就是个大 IP，自带大量忠诚粉丝，未拍先红也是理所应当的。改编成电视剧后，自然就会获得大量原版小说粉丝的关注。值得注意的是，这些原版小说粉丝也是把"双刃剑"，改编后的电视剧如果能超出他们的预期，自然会受到追捧，创造新的收视率；但如果未达到他们的预期，负面效应也是很大的，甚至会影响到电视剧的口碑。

不难看出，粉丝也可以成为 IP 的孵化器，这就是传统模式与新型模式最标志性的区别。IP 作为娱乐化的产物，是新型的娱乐代表，与粉丝的关系更为紧密。因此提到 IP，就不得不提粉丝，两者的关系是逐步进化的，如图 2-5 所示。粉丝形成的粉丝经济，已经成为互联网模式下一个重要的经济现象。很多超级 IP 都是靠大量粉丝的推动，来实现高度、快速传播的。那么，粉丝在 IP 的孵化过程中是如何发挥作用的呢？

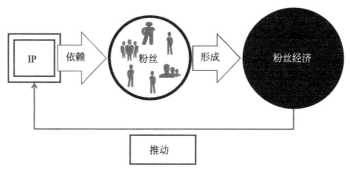

图 2-5　粉丝对 IP 的推动作用

值得一提的是，粉丝与普通群体不同：粉丝的驱动力大部分来自内心情感的迸发，很多粉丝之所以自愿参与到 IP 传播与互动中是由于有了情感上的高度认同和归属感；而大部分普通群体可能是处于某种利益的考虑，或者其他偶然性因素的驱动。所以，两者在忠诚度、认可度上有很大差距。

粉丝是突破普通群体和 IP 之间的一堵墙，尤其是一个死忠粉丝、铁杆粉丝，可在与 IP 的互动中产生高度一致的"化学反应"，创造出爆发式的认可度，极大地提升 IP 的口碑。

一个 IP 是否受粉丝的支持，可能会出现两种截然不同的结果。例如，同是超级 IP 改编的游戏，由于受众群体的支持有差异，就造成了截然相反的两种市场反应。

案例 6

《金庸的武侠》和《圣斗士星矢》手游都是改编自爆款 IP，且由同一家公司开发，前者成了该公司的"台柱子"、精品，后者却表现较差。为什么会出现如此大的差异? 除了 IP 本身的影响因素之外,仔细分析下他们的群体也能看出不少问题。

尽管两者都是爆款 IP,但最显著的区别是目标群体不同: 如果说《圣斗士星矢》陪伴了"80 后"一代的成长,那么前者则影响了几代人,且现在仍十分受青少年的青睐;而《圣斗士星矢》这几年的发展,基本是锁定了"80 后"这一群体,可谓一个专属于"80 后"的爆款 IP。2015 年的圣斗士电影尽管再次勾起回忆,但只是引得"80 后"抽空看一看,仅此而已。这样一个被划定在特定群体中的 IP,与武侠这种真正意义上的泛年龄作品相比,显然有着很大的局限性。

一个 IP 要想火爆,必须先拥有坚实的粉丝基础。注意我们这里说的是粉丝,而不是普通观众。粉丝与普通观众有着本质的区别,粉丝是一个特定群体,他们对所喜欢的东西会达到迷恋,甚至疯狂的程度;而普通观众大多是出于功利性需要,或特定需要才会去关注。

两者最大的区别在于,粉丝可以产生粉丝经济,而普通观众产生的经济效益非常有限。在"IP 模式"下,粉丝创造的价值进一步加大,从而在"粉丝"与"普通观众"之间竖起一堵高高的围墙。

一个爆款 IP 与它的"粉丝"之间已经不仅是消费关系,而且产生了情感黏性。很多 IP 聚合的不是普通观众,而是一些死忠粉丝。有时候即使作品存在这样或那样的不完美,粉丝也会进行"护短"。

其中,典型案例就是电影《爸爸去哪儿》。该影片借着真人秀节目《爸爸去哪儿》的东风,令人咋舌地斩获 7 亿元票房。有专家批评"这根本就不是电影",并对它取得如此高的市场份额表示无法理解。这种"无法理解"与影厅里家长和孩子们合唱其主题曲的欢乐场面,形成了冰火两重天的奇怪景观。

而粉丝能否带动起一种经济形式——粉丝经济,在很大程度上取决于粉丝的忠诚度。粉丝和粉丝经济，是互联网形式下的一种经济形态，尤其是在文娱行业起着重要的作用。一个 IP 若没有粉丝和粉丝经济的支撑，是很难持续走下去的。例如收视率节节创新高的影视剧 IP《琅琊榜》《何以笙箫默》《花千骨》等，哪个不是得益于粉丝的参与？有的 IP 本身就自带大量粉丝，直接成为其火爆的推动者。如《锦绣未央》在改编成电视剧之前，原版小说在潇湘书院长期占据着阅读量首位，这样的粉丝就已经为电视剧热播打下了坚实的基础。

显然，粉丝的数量多少、粉丝的忠诚程度已成为 IP 生存和发展的重要决定性条件。因此，现如今很多 IP 创作者、投资商已经开始十分重视粉丝的力量，并采用各种手段与粉丝互动，甚至引导粉丝参与创作。

2.6 传播性：先有扩散才能提高关注度

一个好的 IP 需要有超强的传播性，以便在各个渠道上进行传播，进而被不同群体所接受。尤其是在互联网、移动互联网异常发达的今天，各种新媒体、自媒体平台如雨后春笋般崛起。一个 IP 能否快速适应当下的传播需求，用网民们最容易接受的方式去扩散显得非常重要。

当然，凭借目前的打造技术，绝大多数 IP 都可以实现全渠道覆盖，即线上线下、传统媒体、新媒体同时宣传。其实这里强调的不是通过什么途径来传播，而是如何打造更有利于传播的特性。

案例 7

如《英雄联盟》打造的主题曲《英雄》，由华语歌坛巨星周杰伦担任主唱并不是亮点，最大的亮点是与 QQ 音乐的合作。这是因为，QQ 音乐提供了一条更加全方位、立体化的宣传途径。当用户打开 QQ 音乐后，就可以在搜索栏中看到"英雄周杰伦"的热搜，或者通过手动输入的方式就可以轻易搜索。

同时，QQ 音乐在热门新浪微博、微信中也进行了广泛的传播。微博上的"等待「英雄」终于现声！周杰伦全新创作的'英雄联盟中国品牌主题曲'——《英雄》震撼首发！[给力]作为英雄联盟的忠实玩家，周董以独特的歌词语法将游戏对战的过程描述得活灵活现；甚至游戏术语也可以唱成歌词；更用他的 J 式趣味语法来形容游戏里的战斗动作！马上来听"。

这篇微博在短时间内获得了上万的转发量，也受到了大量 QQ 音乐乐迷和周杰伦歌迷的追捧和持续追踪。

在微信中，《英雄》这首歌的传播依然很疯狂，很多用户在朋友圈主动晒出这首歌以及 QQ 音乐的链接。在短时间内，"英雄 周杰伦"也成了朋友圈中较强的 IP。

除此之外，《英雄》这首歌还在更多的移动社交平台中得到火热传播。具备了这样高的传播热度，这个 IP 自然就会成为一个强 IP，在接下来的营销中也一定会获得意想不到的好成绩。

传播性是被大众认知和认可的前提，只有先传播才能听到大众的声音。因此，传播性决定着 IP 的生命线；一个成功的 IP，一定会在传播层面下功夫。在打造 IP 的传播性时可从广度和深度两个方面下功夫，其具体含义如图 2-6 所示。

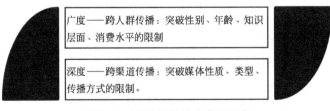

广度——跨人群传播：突破性别、年龄、知识层面、消费水平的限制

深度——跨渠道传播：突破媒体性质、类型、传播方式的限制。

图 2-6　IP 传播性的广度和深度

（1）广度

所谓的广度就是能适应不同年龄层、不同职业背景、不同学历背景的人群，即绝大部分目标受众都能接收得到。

IP 对粉丝的依赖性特别大，因此在很大程度上需要依靠粉丝的口碑进行传播。一个好的 IP 就是要在不同群体中传播开来，满足不同人群的需求，甚至要具备跨界传播的能力。例如文学作品既可在文学爱好者中传播，也可在非文学爱好者，诸如电影、电视剧粉丝中实现无障碍传播。

从这点来看，那些过于小众和低俗的作品内容很难成为优质 IP 也就不足为奇了。例如，时下在一些原创网站连载的带有较强性暗示的所谓"重口味耽美文""擦边乡村文""暧昧总裁文"，以及前阵子冒出的带有违法荐股性质的"股神类小说"等，都注定很难成为爆款 IP。

（2）深度

所谓的深度主要表现在能否适合当下大多数渠道的要求，能否以更全面、更系统的方式去展现自己。

以文学 IP 为例，在评判一个文学 IP 是否具备足够的传播深度时，应该包括该 IP 在首发网站的点击数、推荐数、收藏数、订阅数等，更应该包括该 IP 在其他多平台的阅读人数、阅读转化率、阅读深度、付费转化率、付费阅读收入等，即要从多数据、多平台的维度进行综合考量。

最后，重点提一下移动传媒在 IP 中的作用。以手机终端、社交媒体为代表的新媒体引发了传播领域的一场革命，这是我国媒体发展历程中一个非常重要的分水岭，也是今后信息传播和扩散的主要渠道。未来信息的传播不再需要经过中间渠道，直接通过新媒体就可去影响受众。这就要求 IP 在结构、内容和表现形式上都有所变化，以适应新形势。而更重要的是，如何把握广度、深度，与新媒体的衔接特点。

2.7 成长性：拥有可发展空间的可能性

IP 最重要的属性之一是成长性。所谓的成长性，是指经过商业化运作，在可预见的范围内具有高额收益，或者经过一段时间的蓄力具有较大的发展空间，可产生更大社会效益的可能性。

　　一个好的IP，必须具有成长性。这是因为所有的IP都有自己的生命周期，且在这个周期内必须实现最大化的变现，这个生命周期就是成长性。如大家公认的吸金能力超强的网游手游行业为什么竞争如此激烈？就是因为这类IP生命周期较短，使得一些顶级游戏团队必须考虑在最短的时间内最大化地变现。而一些生命周期相对较长的IP种类，就能够更好地从复利效应角度思考价值增长，因而变现压力也就不那么大。

　　所以拥有一个比较长的生命周期，对于一个IP来说是至关重要的因素。

案例 8

　　如韩剧《太阳的后裔》于2016年3月开播，刚播出10集播放量就超过12亿次（仅爱奇艺视频播放量）。仅凭此一点，就有理由相信这部剧爆红的可能性非常大。半年后的事实证明，该剧果然是一匹黑马，在同期网剧中播放量高居前列，与之相关的话题也不断在各大论坛、社交平台上频频出现，而剧中饰演主人公的宋仲基、宋慧乔等也纷纷成为粉丝追捧的对象，它衍生出的各种周边产品可谓十分畅销。

　　如影片中的同款服装、配饰，尤其是两位主演的"装备"——宋慧乔同款兰芝气垫BB、DW手表，宋仲基同款Rayban墨镜、Thom Browne针织衫等，都深受粉丝欢迎。这样一来，该剧日后势必会跨入超级IP的行列，因为它的商业价值已经开始凸显。

　　当然，一个IP的好坏不能仅凭当前的市场反馈来下结论，其社会价值、商业价值更多的还体现在日后，比如一年后、三年后，甚至十年后。

案例 9

很多"70 后""80 后"都熟悉的《哆啦 A 梦》已经有几十年的历史，但至今依然活跃在大屏幕上。另外，《变形金刚》《蜡笔小新》也是如此。这些都堪称动画剧的经典 IP，尤其是衍生出来的玩具，已成为新一代孩子们的最爱。

网易就看中了这些经典动漫 IP 剧背后的潜质。据悉，其旗下的网易游戏、网易云阅读、IP 开发合作部等已经联合启动了一个计划——网易 IP "源"计划。该计划将以网易漫画为枢纽，以网易旗下游戏、云阅读、音乐、影视等多个栏目为途径来发掘、改编优质的 IP，并开拓不同的业务，实现对同一部作品的全版权开发与价值衍生。

链接阅读

扫一扫《精品正版原创网易漫画平台》

案例10

据悉，网易漫画决定投入 3000 万元为漫画家打造一个良好的创作环境。这 3000 万元将重点放在对国内、国际优秀的动漫 IP 上进行全面包装和推广，以及作品的综合推广和 IP 开发服务等方面，其中就包括《变形金刚》《蜡笔小新》《太子》等。

另外，还有些 IP 是尚未完结的。日本动画《海贼王》（航海王）事实上就是一个还没有完结的故事，至今还在持续更新中（截至 2016 年初已更新至 700 集），但仍有不少企业引进、改编来做延伸品。

　　IP的生命周期反映的就是IP的成长性问题，很多IP内容都要经过长期的积累、沉淀才有可能成为经典。反观现在的一些新IP，缺少的正是这个过程。一波热火朝天的炒作后，有的甚至完全是依靠粉丝效应在赚钱。这样一来，即使一些IP是顶级的，其生命周期也注定是短暂的。如一部电影若仅仅作为电影版权，经过院线上映、电视台购买、视频网站购买等传统"轮回"，其商业生命可以说已经基本结束。

　　而一个生命力强的IP，必须具有持续赢利的能力。因此，如何使IP的生命周期最大化地延长，使其价值得到最大化地释放，是IP投资机构、电影公司及从业者面临的一个难题，值得深思。

　　目前最有效的办法就是延长生命周期，IP的泛娱乐化就是运用的这个思路。它可以向上游倒推成为网络文学作品，也可以横向开发成为电视剧、网络剧、同名手游，还可以向下搬进电影主题公园制作成大型游乐场所供游客游玩感受；同时，新的娱乐内容又会反哺电影品牌，为它提供更大的影响力，具体如图2-7所示。

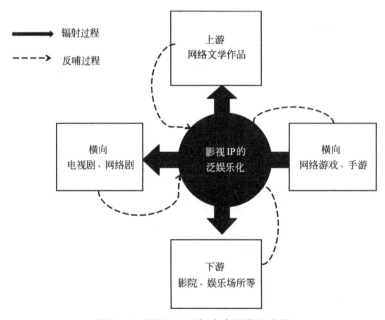

图2-7　影视IP延长生命周期示意图

　　成长性是一个超级IP最大的特性，也可直接体现IP的价值。如今，很多成熟的、经典的 IP 都能经得起时间的检验。所以，要判断一个 IP 的前景就必须根据它体现出的成长性，尤其是后续的成长性来实现。时间不是问题，反而是衡量一个 IP 价值大小的主要标准。

真正的好 IP 能够拨动一代代人的心弦，甚至有着深刻的时代特征，从而在一代代人心中驻留。时间可以淡化低俗桥段、感官刺激和欲望元素，却无法抹去优秀作品带给人们的美好感觉以及情绪和思想上的震动。

所以对于创作者而言，要打造一个好 IP 必须注重内容的质量和厚度，并明确这个内容在经历一段相当长时间的蓄力后是否会有更好的表现。因此投资者要将眼光放长远些，以未来为出发点，看到长远的利益。好的 IP 会跨越时间，价值也是无穷的；沉淀的时间越长具有的商业价值和市场前景就越大，甚至会成为最受欢迎的经典。如果只能看到眼下，或者一定要等到有些苗头后再动手去做，势必会错失良机。

不过值得注意的是，"成长性"一词本来就含有很多不确定性，需要充分的时间和宽裕的空间加以证明。这也为 IP 创作和投资埋下了一定的隐患，假如在未来达不到预期，之前的努力将会付诸东流。所以做 IP 首先必须有风险意识，就像投资股票、基金，从某种程度上讲就是押注。这种押注可能会带来很大收益，也可能会导致严重亏损，一本万利的买卖永远都不存在。

2.8 创新性：既要继承又要创新

创新性是 IP 的精髓，是使之长久立于市场不败的决定性因素。现在很多 IP 都十分追崇跟风和模仿，尤其是超级 IP 简直成了行业内的香饽饽。鉴于强大的社会影响力和吸金能力，各种相似的 IP 层出不穷。细心的人定会发现，一个超级 IP 后面总是跟着一群小 IP，从而构成了一个集群 IP，如韩剧 IP、古风 IP。

因此，跟风现象造成了非常严重的内容同质化。哪个类型的 IP 受欢迎，大家就跟风做哪个。如韩剧、后宫剧自 2015 年以来是比较火热的 IP 题材，于是类似的电视剧大量出现。

案例 11

　　《来自星星的你》点燃了韩剧在神州大地的熊熊烈火。为满足观众的需求，该剧的制作公司在谋划重新拍摄一部中国版的"星星"，按照原版剧本由国内本土明星演绎。除此之外，《浪漫满屋》《她很漂亮》等韩剧也已经被引进，由本土的影视公司开始翻拍。

　　无独有偶，自从《甄嬛传》《琅琊榜》《花千骨》播出之后，电视荧幕上的宫斗戏就没断过。然而，受众的喜好在短期内还尚可预测。但时间一长，随着客观环境和受众自身因素的变化，受众的喜好就会出现不同程度的变化。特别是在 IP 同质、盲目跟风等现象日益严重的大环境下，很难迎合受众的口味。IP 跟风问题严重显现，图 2-8 所示即为媒体、网友对越南版《花千骨》吐槽的相关信息截图。

越南版《花千骨》一开口就给跪了！即时新闻　　　网

2016年4月22日 - 想想去年,花小骨之火,之令人沉醉,自然是无人说连越南的小伙伴也喜欢得不得了!于是乎,越南趁热打铁,出了一版的《花千骨》!雷剧...
news.gmw.cn>新闻中心>即时新闻 - 快照 - v　　　3网

越南版花千骨播出 小骨似芙蓉姐姐霍建华也被毁 娱乐　　　网
2016年4月19日 - 腾讯娱乐讯越南版花千骨出炉,网友表示看了一段越南版花千骨,那里面姐着实让人受了一番惊吓,做了一晚上的噩梦。责任编辑:jansonwang ...
ent.qq.com/a/20160418/048580.htm - 快照 - v......娱乐

越南翻拍花千骨画风奇葩引网友吐槽-社会万象-　　　.COM

2016年4月19日 - 越南翻拍花千骨越南翻拍花千骨,画风奇葩引网槽。由霍建华、赵丽颖、蒋欣、张丹峰、马可等主演的《花千骨下国内收视奇迹,在海外同...
news.21cn.com>...>社会万象 - 快照 - v　　　新闻频道

越南翻拍《花千骨》被网友吐槽:这是花千鬼　　　　　网
2016年4月19日 - 2015年,由霍建华、赵丽颖、蒋欣、张丹峰、马演的仙侠剧《花千骨》曾创造了国内收视奇迹,该剧在海外播出视红火,为此,越南人民...
china.ynet.com>新闻 - 快照 - v　　网

图 2-8　越南版《花千骨》遭吐槽

　　不可否认，跟风与模仿虽然更容易迎合当下市场，然而这种做法弊大于利，尤其是从长远来讲几乎毫无优势可言。当然，这并不是说我们不能继承好的、优秀的东西。一个优质的 IP 不仅仅要懂得传承，更要善于创新，在原有 IP 的基础上进行完善、改造和超级复制。可以说，超级复制和创新能力是很多 IP 难以突破的瓶颈。所谓创新，就是指 IP 本身能够依靠系统性、模式化运作不断提升自身的创造能力，为 IP 保值和增值提供可靠的保障。

　　最具代表性的就是《西游记》，这个国人心目中最伟大的 IP 之一。由此衍生出来的类似 IP 也有很多版本，且在内容上大多围绕师徒四人取经这件事展开。综观这些衍生出来的西游记 IP，无论是电影、电视剧，还是话剧、戏剧、游戏，分化都比较严重。继承与创新是对矛盾体，这就决定了当很多 IP 呈现在大众面前时，给人的感觉便是既熟悉又陌生的。

　　正如西游记题材类，所有人都认为是最好拍的，其实也是最难拍的；孙悟空这个人物形象最关键，十三亿人心中就有十三亿个齐天大圣，怎么拍都不会让所有人满意。而这恰恰也是西游记类影视 IP 延伸最难做的一点，即如何在继承和创新之间找到平衡点。

案例 12

　　《西游记之孙悟空三打白骨精》就将这个平衡点拿捏得非常到位，既有继承又有创新。

　　继承的一面，首先表现在名字上，让观众一看就知道这部剧忠于原著。其次表现在故事的呈现、大方向上等方面，都继承、保留了原著中的精髓，如孙悟空拜别唐三藏的桥段。

　　但仅有继承显然不够，对于挑剔的观众来说一样不会买账，因而必须能跟得上时代，要有恰如其分的创新才行。

　　创新的一面，则主要表现在角色的塑造上，如唐僧、孙悟空、白骨精的 CP 都进行了大胆的创新。

郭富城饰演的美猴王孙悟空，全程粘着猴毛，特别是在影片高潮中金甲上身时睥睨天下的霸气，与大多数人印象中的美猴王还是有很大差异的。事实上，这样的小改动会更加吸引已经看惯了日漫二次元的年轻观众。

冯绍峰饰演的小和尚唐僧，塑造了一个呆萌、唠叨的新形象，一改唐僧给观众留下的呆滞刻板的印象。到了后半程，舍己渡人，不破地狱不回头的决绝，则有了真正的佛性。即便是原著中一直备受读者诟病的驱离美猴王一段，他也演出了不得不为之的苦衷，而不是一个傲娇任性的佛呆子。

巩俐饰演的白骨精，与其说是精，不如说是女皇。因为这里的白骨精庄重大气，恨得理直气壮，也爱得刻骨铭心，一下就把在原著中只占到很小篇幅的这一角色抬升到一个足以艳压群魔的绝对地位。白骨夫人一点点透露出的悲惨前史，也从侧面推动了唐僧舍己渡人的意愿，从而把佛家舍与放的精髓演绎到了极致。

《西游记之孙悟空三打白骨精》在保留原作精华的基础上，从深度、广度以及很多细节上都做了深入拓展和挖掘，并进行了大胆创新。尤其是三个主要角色的塑造上，CP感十足，使剧情更加丰富，情感也得以逐渐升温。这样既能满足死忠的西游粉，也能迎合动漫迷、游戏迷的审美口味，绝对是一次成功的大IP改造。

继承与创新之间的平衡点是最难拿捏的，继承要求模式化和稳定性，创新要求不按套路、不按常规出牌。这两个条件通常是互斥的，一方面，模式化代表着固定路径，固定路径往往跟不上观众的喜好变化，从而可能导致创新的缺失和IP生命力的流失。另一方面，稳定性又是长期估值最重要的因素之一，如果没有恒定的运作方式和方法，不是A+B=C的模式，那么如何保证内容产出在质量和数量上的稳定性呢？这样的两难条件如何同时满足，是顶级IP需要解决的问题。真正高级的创意是在继承的基础上，抹平了其他因素上的差距并形成绝对优势。

无论是什么类型的知识产权要转化成IP，第一位要考虑的问题都是创新。几分钟的笑点跟两个小时还能让观众在放映厅坐得住的效果是完全不同的，所以都要对传统电影进行一些"破坏性"尝试；但是在整体的电影结构上，还是要有所坚持的。

总之，优质 IP 资源的缺乏令业界出现了对 IP 资源的哄抢现象。一些影视公司、投资商、版权购买者、制作公司甚至根本没有仔细了解过 IP 内容是否优质，是否存在可深入挖掘的价值，既缺乏科学性，又无严谨的分析和论证，便一味盲目跟风。

还有一些原因，如大多数投资商的关注点都在 IP 运营所带来的利润上面，由此导致版权价格被哄抬上去，后续开发却急功近利。从投资商的角度来看，也要坚持创新的态度，找到符合自身公司发展的立足点，使自己的作品在带来商业利益的同时成为可以不断挖掘出商业价值的经典 IP。

第
3
章

内容打造：打造爆款IP的5个关键

　　好的IP作品，第一作者的作用非常重要。第一作者往往是一个IP的源头，对IP未来的其他环节起着决定性的作用。那么，作者如何才能把控好这个源头，创作出创意十足的源IP呢？具体有5大关键性操作需要注意。

3.1 确定主题，根据主题搜集素材

一个好的 IP 首先必须有好的内容，如选材新颖，主题积极向上，符合大众阅读、观看的口味，满足大家的体验需求。为了达到这些目的，就需要有大量好的素材来支撑。就像画一幅画需要画笔、画纸、染料，盖一座房子需要石头、木料、泥土一样。创造 IP 也需要相应的素材，而素材选择是否得当在很大程度上决定着 IP 项目的最终形成。

素材是组成 IP 项目最重要的因素，IP 项目质量的高低首先取决于选自什么样的素材。

案例 1

大家熟悉的情景喜剧《家有儿女》作为成熟 IP，可以说是陪伴着大部分"90 后"成长起来的一部作品。现在部分"90 后"已为父为母，这部剧仍在热播。有数据统计，观看人次达 150 亿次，网络点击 2.5 万亿次。

该剧为什么会经久不衰？最关键之处就是素材选择得好。剧中反映的家庭教育问题向来备受社会关注，尤其是再婚家庭中的儿童教育。该剧敢于突破世俗的眼光和传统文化的束缚，大胆地表现了新时代应该有的教育观。

据相关负责人介绍，当时社会上离异、再婚、组合家庭逐渐增多，儿童教育问题亟待解决。为此，在创作这部剧之前进行了大量的调查、摸底，以及与目标观众群的多次交流，最后才确定了这样一个素材。该剧也融入了离异、再婚等因素，但没有直接去体现，而是以再婚家庭为背景进行巧妙的构思，用富有正能量、和谐有趣的方式去体现。这也正是大多数类似家庭所向往的场景，迎合社会提倡的主流，符合大多数人的价值观。

主题是 IP 的灵魂，根据主题而确定的素材是创作的基础。没有主题、没有素材，所谓的创作就无从做起。因此，在 IP 创作中首先需要确定主题，并根据主题去调研取证、收集材料，对材料进行分析、鉴别后择优采用。

链接阅读
扫一扫阅读《2017 年六大影视公司 124 部影视剧 IP 列表》

那么，在创作中应该注重哪些题材呢？从近几年涌现出的超级IP来看，集中体现为以下6种。

（1）反映草根文化的题材

草根文化已经成为一种亚文化，正凭借"以自嘲来消解正统，以降格来反对崇高"的草根气质吸引着诸多影视作品争相挖掘取材，如《煎饼侠》《我是路人甲》等。

（2）反映职场竞争、生存压力的题材

网络剧在不断探索幽默喜剧、悬疑探险等题材的同时，也将目光凝聚到了年轻人的职场生活中，且切入角度、内容定位与传统都市职场剧完全不同。大尺度话题、小人物生活、声色犬马的感官刺激以及超现实的黑色幽默都是其显著特点。

（3）反映年轻人生活百态的题材

网站用户的年轻化趋势迫使各大视频网站在自制剧的题材选择、节奏控制、时长安排等因素上，不约而同地向着青春洋溢、心态开放、易于接受新鲜事物的年轻受众人群靠拢，从而创作出大量都市时尚、青春校园自制剧。

以《快递侠》为例，《快递侠》内容采取"漫威宇宙＋中国现代都市"的主线，将生活中的平凡职业化为超人与邪恶势力战斗，情节搞笑热血、脑洞大开，自播出以来非常受欢迎。

（4）爱情题材

无论是小说还是影视剧，爱情都是永恒的话题。据统计，在各大影视公司拍摄题材中，爱情类题材的 IP 使用率最高。影视剧、网剧常使用爱情类 IP，还是因为这类 IP 剧的主要受众人群为 18 ～ 24 岁的年轻人，他们追求的是有颜值、有情感的剧情。不过随着近几年对热门小说 IP 的改编，粉丝也在不断增加，突破了年龄单一性的限制。

值得注意的是，虽然男性群体逐渐增多，但前往电影院的大部分还是情侣。因此，电影在 IP 类型的选择上也是以爱情、言情类为主。

（5）悬疑题材

随着网络自制剧的发展与国外引进剧在涉案悬疑与高智商推理剧方面的成功试水，国内长期处于边缘化的涉案悬疑题材被推上了网剧自制内容选择的风口浪尖。一些相对比较有思想深度的高智商悬疑推理剧破冰而出，崭露头角，成为 IP 的新希望。

相比于武侠、动作类纯硬汉的 IP 类型，仙侠、玄幻等可以将内容制作得非常唯美又保有男性粉丝喜欢的特技效果的 IP 类型更容易在电视剧中受欢迎。

（6）仙侠、玄幻题材

仙侠、玄幻类 IP 近几年也逐渐受到电视剧、网剧改编的青睐，在网剧、游戏方面表现比较多。以中国古代的仙妖神鬼传说为背景、武侠和仙侠为题材，迄今已衍生出品种繁多的游戏作品，荣获多个游戏奖项，并被改编为漫画、小说、电视剧、电影、舞台剧等，拥有众多粉丝。

小说《兰陵王妃》融合了古装宫廷与玄幻两大元素，凭借细腻的人物描写、紧凑的剧情发展和复杂的感情纠葛吸引了广大读者的目光。被拍成电视剧后，同样是人气爆棚，张含韵、彭冠英、陈奕等人气明星为剧迷们创造了一个如梦似幻并且逼真的兰陵世界。

再如大宇资讯旗下发行的系列电脑游戏《仙剑奇侠传》，改编成网剧后为《仙剑客栈》，也是"仙剑"题材。这些"仙剑"题材的 IP 在互联网时代大放异彩，由于融合了动漫、游戏、社会热点、时空穿越等多种元素而备受关注。

3.2 精准定位，圈定目标群体

这里的定位是指圈定目标群体，即要明确将面向什么样的人群、

解决什么样的问题。这是策划、创作一个 IP 项目首先要解决的问题，
也是树立 IP 项目在大众心目中形象和影响力的重要标准。

任何 IP，无论是一部作品还是一个人，当大众一提到时就能联
想到超脱他自身以外的很多东西，这就是定位的作用。只有定位明
晰、精准，才能给人留下深刻的印象。比如在今天的文化消费市场
上，有一个人就不得不提——郭敬明。他是一个把商业写作和消费生
活一体化、具有巨大商业价值的人，俨然已成为当今文化市场的标
杆、文化符号和最有价值的人物 IP。

大众为什么会对他有这样高的评价？因为无论是他写的书还是
拍摄的影片，都迎合了一部分人的心理、符合了一部分人的预期，
使他在这部分人心中成为某种文化现象的代言。

其作品都是围绕有关青春与梦想的话题，所针对的读者对象是
"80 后""90 后"。所以，一提到郭敬明，这部分人首先就会被他的
文学、青春和回忆所感动。尤其是正在紧紧抓着青春尾巴的"80 后"
们，恐怕别有一番感受。

归根结底，郭敬明无论是写书、拍电影都有明确的定位，且知
道该迎合哪些人的口味。这样即使有一部分人不喜欢，那些目标受
众也会十分忠诚地紧紧追随。

案例 2

郭敬明凭借《幻城》一炮走红，2004 年成立"岛"工作室，
开始主编一系列杂志。2010 年成立最世文化公司，一路走来都
在打青春牌，经过十多年的发展，成为一系列青春题材文学的孵
化器。

电影《小时代》是其青春派之路上最具代表性的代表作之一。
他亲自担任编剧和导演，邀请当红明星杨幂、郭采洁等主演，一
经播出便创造了接近 5 亿元的票房。其实，令这部影片火爆的远
远不止高票房，还有一发不可收拾的连锁反应，即涌现出了很多
从未出现过的社会现象、文化现象，迎合了一部分青年人的心理：
不能实现主宰世界的大梦想，至少可以满足小时代的期望。

由于深受大众的喜爱，"小时代"系列出现后（见图 3-1），《小时代 4》已经于 2015 年开播。这时的小时代已成为一个品牌，真正开创着自己的"小时代"。这就是爆款 IP 的魔力，郭敬明是 IP，小时代也是 IP，两者可谓强强联手。

小时代系列

| 小时代4 | 小时代3 | 小时代2 | 小时代1 |

图 3-1 "小时代"系列宣传照

很显然，如今看来这条路是非常可行的，而且很可能将长久走下去。2012 年郭敬明跨界了，首次孵化出自己的《小时代》IP，随后《小时代》系列的电影便一发不可收拾。

如果说《小时代》IP 本身就具有鲜明的群体特征，那么有些 IP 则是通过后期运作，添加一些符合群体特征的元素去刻意迎合并吸引大众。其中，最具代表性的就是韩剧《太阳的后裔》。它在国内播出后引发了广泛的关注，并带动了一连串的话题，成为网剧中最受欢迎的 IP。

案例 3

一部韩剧为什么会如此受国人热捧？更深层的原因是国人从中看到了自己的影子。该剧中融入了很多中国元素，无论是在制作上、剧情上，还是男女主角的选定上都能满足中国人的需求。而这些元素，正是这部剧在中国成为现象级剧的引爆点。

那么，这部剧有哪些中国元素呢？

首先是在制作阶段就进行了特别设计。《太阳的后裔》这部剧由韩国制作公司 NEW（Next Entertainment World）制作，早在 2014 年就开始筹拍。筹拍期间该公司就接受了华策影视高达 3.14 亿元人民币的股份，获得了 13.03% 的股权，成为其第二大股东。这个"中国身份"是这部剧日后与中国观众更亲近的第一引爆点。

其次该剧是韩方为开拓以中国为关键区域的市场而特意量身定制的爆款。当然，这部剧最先在爱奇艺上播放是有原因的。早在制作前期，爱奇艺高层就与 NEW 电影公司和该剧编剧金恩淑有过接触，对韩方提交的项目大纲做了进一步了解，并凭着市场直觉迅速确认了合作，成为这部剧的版权制作方。

最后是男女主角的敲定，宋慧乔、宋仲基都是为满足中国观众目前对颜值需求的特色而定制的。宋仲基这一特别的小鲜肉设定，继续主导着韩国长腿欧巴对中国观众的影响力；实打实地切合了中国观众的心理需求并最终引爆话题点。

总之各种中国元素，使这部韩剧得以"整容"出一张中国脸。

《小时代》《太阳的后裔》两个案例说明，运营者在打造 IP 时一定要善于利用定位策略，圈定特定的受众群体。准确、清晰的定位，可以说是 IP 得以持续发展的保障。其实，很多超级 IP 都有这个特点。如《九层妖塔》《熊出没》等一系列成功 IP，都是因为找到了各自的人群定位才取得了成功；再如《熊出没》，合家欢的场景满足特定群体的需求为这部电影以及后续 IP 的落地奠定基础。

一个好的 IP 应确定目标群体，满足其需求，让作品本身与需求融为一体并达到高度一致，从而获取他们的认可。这就要求 IP 项目在制作的最初阶段，尽量满足目标群体的需求。若对需求不明确，就要努力做调研工作，多接触目标群体，了解他们的心理、言行等一切主观因素。

3.3 制造引爆点，切中用户需求痛点

一个 IP 项目要想成为热点 IP、顶级 IP，在市场上引起关注甚至轰动，关键就在于要有引爆点。引爆点就是用户的痛点，只有切中痛点才能满足他们的心理需求。这就好比销售一种产品，如果产品本身没有特点，或者在宣传、推广上没有体现出自己的优势，恐怕很难会被消费者认可，更不用谈销量了。

那么，一个 IP 要如何打造爆点呢？这就需要创作人员在定位上善于思考、善于创新、善于把握市场的需求，同时在内容上尽可能地表现出来。

案例 4

看过《小门神》的人无一不被电影中炫目华丽的动画制作所震惊，也看到了国产动画与迪士尼的差距在缩小。然而，这部剧的票房数据却着实让人大跌眼镜。上映首日票房超 1000 万元，但上映 4 天排片率已下降至不足 4%，原因就在于观众认为剧情衔接得不好，且有些虎头蛇尾。

我们再来看看另一部动漫剧——《大圣归来》。这部剧也有很多为人诟病之处，然而观众却表现出非一般的宽容，原因何在？

真正的原因也许不是《大圣归来》比《小门神》拍得好，而是"大圣"这个形象更加深入人心。"大圣"本身就是一个虚构的人物 IP，但形成了这部剧的爆点，弥补了剧情上的不足。

同样是一部热点动漫剧《小羊肖恩》，在上映之前很多人都不知道这只黑脸小羊叫"肖恩"，但每天都能在移动电视中看到这只小羊。而恰恰就是因为混了个脸熟，定位如此低幼的动画却获得了近 3 倍于《魁拔》的票房。

综上所述，如今内容已不再是判断 IP 好与坏的唯一标准，热度更是不可或缺的决定性因素。而这里的热度不是宣传力度，也不是花多少钱造多大声势，《小门神》的广告即使印在飞机上也不能违背

这个规律：要想制造爆点事件，IP本身需要高频属性。

上述案例说明，IP必须有特定的引爆点。这些引爆点是顺利打开市场，吸引投资方投资，吸引大众关注的利器。尤其是目前很多IP都呈现出同质化的倾向，这些引爆点便成为区别于其他相似IP的显著标志。大众看完作品后，也许就会被其中的几个点所打动。

（1）精彩的开头

开头是展现给受众的第一缕"阳光"，不仅能奠定行文的基调，而且能带给受众一份好心境。IP尤其需要悉心打造精彩的开头。

（2）意味深长的结尾

结尾是留给IP的最后一道"风景"，因此一定要给受众以"回眸一笑百媚生"的惊喜。有文采的结尾耐人寻味，会让受众爱不释"眼"。

（3）新颖独特的意境

新颖独特的意境，总是会引起受众的关注。因此在营造意境时要敢于突破常规，善于从多角度思考，不迷信权威，大胆质疑并设想。

其实只要设置好几个引爆点，就很容易打动大众，在竞争激烈的市场中站稳脚跟。这也是"IP作品"与"文学作品"创作的不同：IP作品强调爆发力，点面结合，出奇制胜；文学作品讲究持久性，且深度和底蕴全得有。

如同样是以叙事为主，IP作品并不讲究起承转合，有时甚至逻辑不太严谨，观众却仍能理解并沉湎其中。总结起来，在艺术本体方面，IP作品重结果、轻逻辑，故事的过程可以经不起推敲，但故事的结果一定要暗含引爆点，符合用户、粉丝的期待；人物形象可以不丰满，但务必能让用户、粉丝移情。

IP的受众大部分都很情绪化，且往往对改编之前的作品背景、人物、故事及其世界观缺乏透彻的了解。因此，对于IP作品叙事的"断裂""空白""不严谨"之处会自动进行"脑补"。更重要的是，相当一部分观众对IP作品的兴趣在于改编是否符合心理预期，接受快感源于改编的艺术形式之间的共振。因此，尽管一些作品被批评家认为审美层次不高，但在其"粉丝"那里却不容侵犯。因为"粉丝"

之间早已形成了一套封闭的批评话语，使得传统的批评话语和审美视角很难介入；批评家不仅无法与 IP 作品受众的审美体验有效咬合，有时反而会形成对立。

3.4 寻找差异化，有特色才有竞争力

综观那些好的 IP 项目，多是很"自我"的。这里的"自我"不是指自私，而是指独特，突出差异性。随着 IP 市场竞争的日益激烈，同质化现象十分严重。在搜索平台输入关键字"IP 同质化"，就会出现大量相关的新闻和报道。这说明，这个问题在行业内已经非常普遍并引起了行业、媒体的高度重视。IP 同质化问题严重显现，图 3-2 所示为各大媒体对这种现象披露的相关信息截图。

图 3-2　各大媒体对"IP 同质化现象"的披露

IP 同质化还严重阻碍了 IP 市场的正常发展。盛大自 2015 年 8 月在半年内先后推出 5 款传奇类游戏，分别为《热血传奇手机版》《传奇世界 H5 之王者归来》《传奇世界》《沙巴克传奇》《我们的传奇》等，尽管名字各异，但其背景、玩法及带给玩家的体验差别不大。

半年时间连续推出差异不大的游戏，也令人产生疑问——玩家真的需要这么多传奇，市场真的能消化这么多传奇吗？其实，这就是一种盲目跟风。目前大多数《传奇》IP 手游，很难让玩家一眼就从画面上区分彼此。

当市场上只有一两个传奇 IP 手游时，这个问题并不明显。而当同时出现四个、五个甚至更多传奇 IP 手游，而且每一个都在宣称自己能延续经典设定，尽可能往经典靠拢，并讨好老玩家时，你就很难不注意到这个问题了——同质化明显。

《传奇》的精髓在于其"经典"与"怀旧"，这个 IP 所搭载的，既非具体的角色形象，也非令人印象深刻的故事背景，而是海量《传奇》玩家的青春与回忆。一个传奇 IP 游戏，复刻程度越高，玩家认同程度往往也会越高——这几乎决定了传奇 IP 改编游戏难以超越的禁锢：极度同质化的局面。

这对推出时间靠后的同 IP 游戏很不利，因为粉丝红利已经被先行者吃得所剩无几。如果再不想办法搞点突破，就只能手握黄金 IP 却苦于难以引人注意了。

可见，优质的 IP 已成为稀缺资源。这时，差异化便成为取得竞争优势的最大保障。换句话说，你创造的 IP 必须有与众不同之处。

差异化是生产者向市场提供有独特利益，并取得竞争优势产品的过程及结果。无论是事物还是现象，或者是形式，都需要有一种差异化的定位，才能凸显出自身的独特魅力。打造 IP 也是如此，要想脱颖而出就必须实现差异化。

值得注意的是，差异化并不是全面推翻旧有的。推出新花样，在某种程度上讲就是围绕一个点、一个思想、一个观点、一句话、一个人物形象，甚至一个细节等。这些往往会成为整个作品的爆发点，而引起大众的广泛关注。

也许你的 IP 不会被所有人认识和接受，但一定要创造一个突出的点以便取得所有人的认可。一个便于对方记住你、识别你的特征，具有差异化的 IP 项目总能给消费者带来独特的利益和感受。

所以在创造 IP 项目时，需要注重差异化战略的运用，只有这样才能突出自我。获取差异化主要有两个方法。

（1）着眼于未来，对趋势有精准的认识和把握

这种差异化具有满足从未出现过的需求的能力，前提是创作者一定要有足够的预判能力和分析能力，以便精准把握这类 IP 未来的趋势和发展规律。

例如，埃德温·兰德（Edwin Land）发明了一种即时摄影成像技术，它满足了人们在拍照后能马上看到相片的需求，于是出现了宝丽来 (Polaroid)。

（2）根据需求，度身订造

根据需求，度身订造，是走向差异化的最高形式。IP 也是一种产品，一种精神产品、文化产品。它既要能满足大众需求，也要能满足特定需求。实现差异化就是走私人订制的小众路线，针对特定的群体、特定的需求量体裁衣，使目标群体的需求得到最大的满足。

3.5 注重情感，有温度的 IP 才更感人

在 IP 的内容性和故事性一节中，我们知道了爆款 IP 最重视内容，而故事是内容最佳的呈现方式。因此在创作一个 IP 内容时，首先要讲好一个故事，即用创作故事的思维去做 IP。在故事的创作过程中，一个重要的因素是不可忽视的——情感。

故事的创作过程就是一个情感的代入过程，即通过丰富的情感来影响读者、强化读者对内容的忠诚度。

案例 5

美国的一些游戏 IP，在这方面就做得很成功。他们非常注重情感，且善于运用情感语言树立游戏人物。这些情感的支撑使得很多短周期游戏和小众游戏也有了自己存在的意义，形成了产品品质的聚拢作用。

日本的一些游戏IP，同样是情感运作的典范。如英雄传说系列游戏，每一部都凭着制作细节、游戏主题、人物塑造等优势赢得粉丝的青睐，从而成就自己的IP品牌。历经十几年长盛不衰。因此，核心用户的忠诚度极高。

国内制作的IP，如秦时明月、莽荒记等同样也十分注重情感的表现。

这与十年前的创作模式已经有很大的不同。这说明无论国内外，如今的IP作品都非常重视情感因素，它就像一条线贯穿于作品的始终；同时，也只有有了情感这条线贯穿其中，才能牢牢吸引特定的受众，创造更大的价值和社会效应，进而有利于IP良性、健康的循环机制的最终形成。

情感是IP内容创作的基础和源泉，也是IP表现价值观、与用户沟通的媒介。有了情感的参与和启发，很多世界观丰满、中国人耳熟能详的故事，即便是传统题材也有了再造的空间，也可以创造出新的IP。

案例 6

《西游记》衍生出来的诸多影视IP，都能热映并吸引人们纷纷走入电影院。这既是大众对经典电视剧《西游记》的依恋和怀念，又是对新影片情感深化的肯定。事实上，类似的IP就是一个依靠情感的巧妙代入而火起来的影片IP。通过人们对《西游记》的情感以及对新旧内容的情感碰撞来吸引大众，从而创造了2016年新年档影片的票房新高度。

事实上，很多IP正是满足了用户的情感需求才备受关注。因此，在创作一个IP项目时除了注重大的方面外，还要重视情感这个切入点，以打通"情感"路线。用户是感性的，在情感输入和输出方面往往是最脆弱的，因而在很多选择上也变得善于感情用事。在这种背景下，就应抓住用户的情感需求，设计出更鲜明的人物、更唯美的场景、更丰富的剧情来实现更强的代入感。有时候只要能满足用户的情感需求，就很容易切中他们的痛点。

与其将 IP 看作一个冷冰冰的产品，不如看作一个富有生命力的作品。产品往往是功利性的，企业生产一个产品最终的目的就是赢利；而作品往往是富有情怀的、有温度的，作家创作一个作品重在与受众进行沟通，建立情感共鸣。

所以，创作 IP 需要先建立情感基础，再去谈市场价值。也就是说，IP 必须打通"受众的情感"。在互联网、移动互联网时代，每个人面对的、接受的信息非常多，因而拥有了更多自主选择的机会。在这种背景下，如果不尊重与迎合用户的情感，发出的营销信息被用户关注、接收、认同的概率就会大大减小。

第
4
章

版权改编：打造爆款IP的6个技巧

很多源IP本身很好，但改编之后反应平平，既没有转化为经济效益，也没有创造出良好的社会价值。这是因为很多原始的作品是艺术作品，而IP模式下的作品是市场作品，只有完全市场化的作品才有可能成为爆款IP。因此，改编的前提是将艺术作品通过商业运作转化为市场作品。

4.1 研判趋势：玩大 IP 得紧跟热门

目前在 IP 市场中，很多受欢迎的 IP 都是根据同类 IP 改编而来的。尤其是 2016 年以来，改编 IP 热一直持续不减。

如改编自郭敬明同名小说的电视剧《幻城》登上电视荧幕，改编自顾漫同名小说的《微微一笑很倾城》网游也上线，还有超高人气小说《东宫》一部，以及根据同名小说改编的《三生三世十里桃花》《锦绣未央》等。

链接阅读

文艺 IP，广义上是指所有文艺作品的知识产权，包括《红楼梦》《西游记》等公版在内；狭义上主要是指那些在互联网影视产业眼中，适合改编的网络文艺、文字作品所孕育出来的知识产权。我们在这里讨论的改编 IP，通常都是狭义上所指的作品。

然而，并非所有的作品都适宜被改编成电影。例如《新华字典》，就完全不具备电影转码的条件。但是 IP 突然间被爆炒，这背后一定有非正常心态的驱动，那便是一种投机取巧的创作动机。先把一个被人们所熟知的概念买下来讨巧市场，就会在后期的宣传、发行上省不少事。自从影视创作人看到了这个捷径，影视圈内的 IP 便空前泛滥。

各种"改编"剧给了我们一个提示：并不是所有的 IP 项目都适合开发。从发展趋势上看，只有那些本身就有超高人气，已获得大量粉丝基础的才能成为投资的对象。据专业人士介绍，当前的 IP 已经不仅仅是一个版权，更是一个具有可开发价值的产品。投资商投资每一部 IP，都希望获得更大、更安全的回报。因此在投资之前，他们十分注重直观的大流量，以便预测这部作品改编后受欢迎的程度。

对于投资者来讲，热门 IP 比普通 IP 投资风险更小、获利更大。如《幻城》《微微一笑很倾城》……这些作品在成为影视作品前已经有受众人群，作品质量也经过了读者、粉丝的检验。

网民曾评出 2015 年排行榜前 8 的改编网剧，其 IP 在改编之前已经颇负盛名，赢得众多粉丝热捧，如表 4-1 所示。

表4-1　2015年度最受欢迎的8部网剧

排名	改编IP	原著
1	《琅琊榜》 IP相关：电视剧、手游	海宴的同名小说，首发在起点女生网上。作为一本架空权谋类小说，也能鉴古知今，不得不说是非常大胆和新颖的做法，仅仅这一项就足以让观众牢记心中
2	《芈月传》 IP相关：电视剧	蒋胜男同名小说《芈月传》
3	《鬼吹灯》 IP相关：电影、手游、页游、漫画、舞台剧	原著小说一面世就受到了极大的关注
4	《何以笙箫默》 IP相关：电视剧、电影、广播剧	超人气同名小说
5	《盗墓笔记》 IP相关：网剧、电影、手游、页游、漫画、舞台剧	原著是南派三叔所著的盗墓题材小说，获得了万千书迷的狂热追捧，南派三叔也凭此作名满天下
6	《他来了，请闭眼》 IP相关：电视剧	原著小说连载于晋江文学城，以独特的甜宠悬爱风格在网文界成功引领了"推理言情"的风潮
7	《花千骨》 IP相关：电视剧、手游、页游、漫画	原著自最初连载于晋江文学网时，就得到了上亿的点击量和近五万的长篇书评
8	《华胥引》 IP相关：电视剧《华胥引之绝爱之城》	唐七公子所著小说《华胥引》

如今一些版权公司热衷于购买及改编热门IP，也是看到了IP剧本身具有的商业价值和粉丝量。这些粉丝以后可以转换成流量，消费电视剧，所以IP剧能火也在情理之中。据统计，2015年电影票房仅94天就突破了百亿元，网剧单日点击量破4亿刷新纪录，收视率也屡创新高。盛世繁荣的背后与热门IP作品有着紧密的联系，而IP所带来的强大吸金效应令人咋舌。

IP改编是IP这个大体系中非常重要的"一员"，很多非常优秀的IP都来自于改编。可改编的范围非常广，如经典文学、动画、歌曲、音乐、戏剧等，具体如图4-1所示。

由此可见，改编蕴藏着巨大的IP发展空间。如高晓松亲自操刀的歌曲同的电影《同桌的你》，不仅首次将圈内外的关注度转移到歌曲IP改编的电影上，4.55亿元的票房更是让大家看到了这类电影潜在的发展空间。之后，由《栀子花开》《落跑吧爱情》（原名《外婆的澎湖湾》)以及《爱之初体验》等大家熟知的歌曲改编的爱情电影也紧追其后。

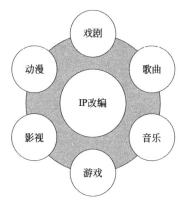

图 4-1　IP 改编范围

有了好 IP、大明星，会让项目决策的风险降低。但若是没有也不一定会失败，毕竟 IP 最重要的还是看内容。

对 IP 进行改编既要看到趋势，也要兼顾 IP 本身的价值。虽然现在的 IP 很多，但质量良莠不齐，因而并不是每一个都有开发的价值；同时一些尚未上市的 IP，也是优秀作者、创作者、编剧的智慧结晶，只是没有被挖掘而已。因此在商业化过程中，不能盲目地、人为地区分热点和非热点。如果一窝蜂地向热点看齐，凭趋势来取舍，那么就会埋没很多优秀的作品，扼杀创作者的自由，导致所谓的热点 IP 变得模式化、程序化，从而背离以价值为主导的文化导向。

因此，研判趋势也好，追随热点也罢，都只能将其当作一个量化、评估项目的重要参照，当作生产者与消费者之间的一个桥梁和纽带，而不能当作唯一指标。

4.2　虚实结合：让故事架构更魔幻

一个 IP 在由最初的作品向产品进化的过程中，除了要从宏观上把握趋势外，还要做好细节。毕竟对于 IP 而言，改编前后有着很大的差异。改编前是文学作品，改编后则更偏重于市场产品；就文学作品而言，还不适合进行商业化操作。

一个爆款IP的成长史大致可分为三个阶段，如图4-2所示（具体可见附录爆款IP线路图3）。第一个阶段是起源层，也叫源头阶段，即改编之前的小说、漫画、动画、电影等纯文学阶段。第二个阶段是拓展层，也叫发育阶段，主要是指经过改编进一步扩大IP的影响力。最后一个阶段是变现阶段，即通过前两个阶段的创造和建设，已经能够进行商业化运作，在多个领域变现。关于这部分内容，即将在后两章中讲到。

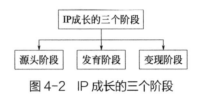

图4-2　IP成长的三个阶段

处于源头阶段的IP是最初级形态，还无法直接转化为爆款IP。我们今天看到的很多IP作品正是通过很多手段不断进行优化，再融入进一些特殊素材，进一步孵化之后的成品。这就是我们现在说的改编。一个IP从最初的形态到改编成具有潜质的超级IP是一个循序渐进的过程，需要付出很大的时间和精力成本。如将很多歌曲IP改编成同名影视后，需要添加大量的素材来丰富内容，在时间上和精力上也需要极大的付出。

案例 1

以《同桌的你》《栀子花开》等歌曲IP为例，一首长度不过三四分钟的流行歌曲，如何能裂变、升华成一部90分钟标准片长的电影？其实，这里面有很多虚实结合的改编成分。一方面是作者，另一方面是投资方、制作方。例如《栀子花开》这部电影，片方召集了一大帮写手，以"栀子花开"为题重新创作，经过脑洞大开、千挑万选之后，才最终锁定了上映的故事——淡淡的青春、纯纯的爱、充满激情、鲜活明亮的青春内核，意图将所有有过青春的人一网打尽。同样，《同桌的你》也因凄美的故事看哭了正青春和已不再青春的你我，进而证明了音乐IP是通向灵魂的最佳准入方式。

谁能想象到，仅仅是一首歌，没有剧本，没有演员，甚至没有像样的导演，就能拍摄出观众喜爱的电影？然而这样的事情并非天方夜谭，正如某影业公司高管曾说："音乐 IP 就是大金矿。"因此接下来，去影院到银幕上找寻歌曲的韵味将成为一个趋势。《睡在我上铺的兄弟》《明天我要嫁给你了》《你的背包》《她来听我的演唱会》《爱之初体验》《小苹果》《小情歌》《三年二班》《特别的爱给特别的你》《我的未来不是梦》等这些耳熟能详的歌曲，已经陆续向 IP 界进军。

改编后的 IP，变化的不只是形态还有价值，所产生的效益也是连续翻番，几倍、十倍、几十倍甚至更多。表 4-2 和表 4-3 所示是部分影视剧改编后的价值对照表。

表 4-2　电视剧 IP 改编前后的价值对照表

编号	名称	类型	IP 价值指数	总播放量 / 亿次	商业价值指数
1	旋风少女	同名小说	1.0	52.94	1.30
2	空廷寂寞春欲晚	同名小说	1.8	34.20	0.84
3	琅琊榜	同名小说	4.0	88.16	2.16
4	花千骨	同名小说	10.1	304.20	7.45
5	杉杉来了	同名小说	5.5	81.51	2.00
6	古剑奇谭	同名网游	8.0	148.4	3.63
7	风中奇缘	小说《大漠谣》	6.2	48.49	1.19
8	何以笙箫默	同名小说	9.0	118.37	2.9

表 4-3　电影 IP 改编前后的价值对照表

编号	名称	类型	IP 价值指数	电影票房 / 亿元	商业价值指数
1	夏洛特烦恼	同名话剧	0.15	14.4	8.57
2	恶棍天使	同名话剧	0.40	6.49	3.86
3	左耳	同名小说	1.25	4.85	2.89
4	同桌的你	同名歌曲	1.5	4.56	2.71
5	万物生长	同名小说	0.5	1.48	0.88
6	陪安东尼度过漫长岁月	同名散文	0.25	0.60	0.36
7	谋杀似水年华	同名小说	0.5	0.14	0.08
8	奔跑吧兄弟	同名综艺	3.2	4.3	2.56

既然是改编就需要有编的成分，尤其是穿插虚构人物或情节，这是 IP 作品中最不可缺少的一种表现形式。很多爆款 IP 正是通过现象穿插进了丰富的故事情节和人物形象，才长久不衰而成为经典。

案例 2

由罗伯特·泽米吉斯执导，于1994年7月6日上映的电影《阿甘正传》是美国电影史一颗耀眼的明珠。这部电影一举获得 1995 年奥斯卡最佳影片奖、最佳男主角奖、最佳导演奖等 6 项大奖。20 多年来深受全球观众的喜爱，可以说完全能与如今的一些爆款影片 IP 相媲美。

这部电影最初的素材取自美国作家温斯顿·格卢姆同名小说，讲的是一个先天智障的小镇男孩福瑞斯特·甘自强不息，在多个领域创造奇迹的励志故事。就小说的表现力来说，还远远达不到电影拍摄的要求，为此一些赞助商因不看好这个题材的前景而放弃了投资。

用现在的话说就是缺乏热点 IP 元素，这时就必须制造 IP 出来！

为了使这部影片剧情更丰满，更有吸引力，在里面增加了很多剧情，素材则来自于当时的出品方派拉蒙娱乐公司。派拉蒙塑造了一个小说中完全没有的噱头：Bubba Gump。

Bubba Gump 是什么呢？是主人公阿甘在越战结束回国后创立的捕虾公司。塑造出这样完全不存在的噱头，灵感来自于影片中阿甘的战友布巴·布鲁（阿布）的口头禅。影片中，阿布总是向阿甘提起如何捕虾、如何做最好吃的美味虾，然而他还没有实现拥有一条捕虾船的梦想就死在了越南战场上。

如何捕虾、如何做虾这样一个口头禅，成了阿甘从战场归来后的创业座右铭，激励着他成为一名企业家。为了纪念死去的阿布，他成立了 Bubba Gump（布巴·甘公司），阿布重复念叨的话成了 Bubba Gump 虾餐厅最好的广告词，并把公司的一半股份给了阿布的母亲。

其实看过影片的人都知道，Bubba Gump 这个虚构的素材正是影片的最大亮点。它不仅将影片推向了高潮，也使得阿甘这个人物形象更加高大，而且电影宣扬的智障人士励志和情感主题也得到了进一步放大。

正因为这样，《阿甘正传》这部影片才真真正正成了一个爆款 IP。这就是素材的作用，一个好的 IP 必须依赖于有创意的素材，而有创意的素材也会成为 IP 屹立不倒的坚实保障，强力支撑着它。

1996 年《阿甘正传》最大的投资方派拉蒙借着电影的热度创立了 Bubba Gump 虾餐厅，主营海鲜，尤以虾闻名。今天 Bubba Gump 虾餐厅已走向了国际市场，在墨西哥、马来西亚、印度尼西亚、菲律宾、日本、中国香港等有了几十处分店；同时在店内陈列着复制的剧本、电影故事板、戏服和鞋及剧照等，且每张餐桌上都放有阿甘手写的金句。

这无形中对《阿甘正传》起到了很好的宣传，想必喜欢这家餐厅的食客或者到过这家餐厅的人都会知道《阿甘正传》这部影片。

创意是任何企业发展必须具备的元素。当你得到一个好的 IP 之后，还要对它进行完善和改造，这样才能让这个充满创意的 IP 带动品牌、产品的发展，打造出超强知名度。

案例 3

游戏《剑雨江湖》是以吴宇森监制的电影《剑雨》这个爆款 IP 为背景改编而成的。游戏不仅在深度上还原了电影的武侠元素，还将 IP 与创新理念相结合，打造出诸多趣味的核心内容，真实重现了"悬疑武侠"的江湖。

该游戏中的一大创新是以轻功为基础，结合攻防、控制、增益等类型的武学技能，推出了"轻功 + 武学"的全新战斗模式。玩家不仅可以使用轻功飞檐走壁、踏雪无痕，躲避敌人的攻击，还可以配合职业技能、心法技能、罗摩技能进行反击。行云流水般的战斗潇洒飘逸，整个操作过程可用"赏心悦目"来形容。

萌乐网《剑雨江湖》帮派系统还融入了娱乐元素，可让所有玩家创建或加入一个全新的大家庭中。闲暇时，可以与帮会兄弟们一起闲聊打屁掷骰子小赌一番；当帮派争霸、领地战开启后，帮会成员则可以集结在一起模拟江湖风云展开血腥厮杀。

在电影《剑雨》中有一大特色，便是每位角色均使用不同类型的剑在战斗。而在萌乐网《剑雨江湖》游戏中也有一套核心剑池系统，并且在这个基础上进行了有趣的改变，推出特色"武器唤灵"体系，深度强化IP以剑为尊的概念。

玩家激活剑池系统后，可召唤出冰凤、朱雀、不死鸟等上古神兽，并环绕在武器周围。这样就能在很大程度上提升玩家多方面的战斗属性，令玩家在战斗时爆发出更强的力量。

电影改编成游戏后，玩家并不想一成不变地还原影片中的人物角色和场景，而是希望可以在游戏中得到更好的体验和创新的感受。萌乐网《剑雨江湖》就做到了真正对《剑雨》这个优质IP进行创新改变，让玩家在玩游戏时更投入，更有种刺激感。

4.3 突出个性：给IP一个差异化定位

企业为获得竞争优势，通常会在产品、服务或品牌形象等方面打造出与竞争对手的差异化。如果定位、策划和运营得好，这种差异化将会成为自身巨大的优势，从而奠定在市场中的基础和地位。

差异化是一种放之四海而皆准的策略，无论是商业领域还是文娱领域，只要找准了差异化就可以有自己的一席之地。IP发展时间虽然非常短暂，但同质化现象已经开始显现，跟风潮一浪高过一浪，这势必会影响到IP市场的长远发展。在IP同质化现象越来越严重的今天，唯一的出路就是寻找差异化，体现个性。

现在，很多节目组在打造一个娱乐节目时，都纷纷用运作IP的思路向IP靠拢，以便在短时间内取得良好的经济效益和市场效应。但目前大多数娱乐节目大同小异，没有自己的特色。为了争取到更多的观众和粉丝，有些节目组开始别出心裁地寻找差异化，以更好地体现自己的特色。

案例 4

　　由东方卫视、中传视界联合出品的《娜就这么说》，是一档大型模仿喜剧综艺秀，将脱口秀、喜剧表演、访谈三种节目形式融为一体。从节目名称到内容设计、环节设置，都是围绕谢娜进行量身打造的。这个节目一经播出便引发了各界的关注，在微博评论区也炸开了锅，获得了网友粉丝的极大支持。

　　该节目之所以会牵动各方，主要原因就是打造了一个"转型中的谢娜"。众所周知，《快乐大本营》中的谢娜已经进入了事业的巅峰期，形成了自己相对稳定的主持风格。但作为一个主持人必须学会稳中求变，尤其是随着电视观众"口味"的变化，一个主持人必须善变才能保持足够的吸粉能力。

　　如何炅主持网综、拍电影，将跨界玩得风生水起，事业全面开花；"中国好舌头"华少去年也在《燃烧吧少年》中摇身一变成了毒舌 BOSS；撒贝宁在《了不起的挑战》中变身段子手，在"二次元"吸粉无数；就连在北大演讲泪崩的朱丹，也不忘向媒体表示："我将以此（新节目）为改变的开始。"

　　谢娜实现转型升级，撕掉固有标签，需要找到一个能证明自己的突破口。这个突破口就是《娜就这么说》，融脱口秀、表演和主持于一体，以喜剧的形式展现"娜语言"的魅力，掀起了娱乐节目中又一个小高潮。

　　外有转型中的谢娜，内有独特呈现形式的节目内容，依靠这两点《娜就这么说》成为近几年娱乐节目中非常有影响力的一个 IP。

　　从心理学角度来看，大多数人只会对那些与众不同的事或人表现出兴趣和好奇，而对一些司空见惯的东西则很难动心。无论是事物，还是现象，或者是形式，都需要差异化的定位，这样才能凸显出独特的魅力。

在 IP 热大行其道的今天也是如此,要想打造一个爆款 IP 必须进行差异化定位。如果一个 IP 过于平庸,那么就会失去吸引粉丝的基础,也不可能会产生过高的商业价值。因此,IP 必须有一个差异化的点,给粉丝一个可识别的特征。

那么,如何寻找这个差异化的点呢? 可以从以下 3 个方面入手。

(1)内容

对于一个 IP 来讲,最核心的部分就是内容。一个 IP,只要能过内容关就成功了 80%。当然,在差异化定位上也同样离不开内容。仍以《娜就这么说》这个娱乐节目为例,其最成功之处还是对节目内容的大胆创新。节目中有个环节——"闺蜜私房话",该环节非常有特色,直接将它与主流的访谈节目区别开来。而更走心、更幽默、更具私密感的访谈节目风格,也是这个节目备受欢迎的关键。因此,在寻找差异化上以内容为突破口是最靠谱的。

(2)形式

如果说内容是 IP 寻求差异化的内在,那么形式就是差异化的外在,只有内外兼修并保持高度一致才能全方位地实现差异化。《娜就这么说》在对内容进行革新的同时,也邀请了谢娜担任主持,并着重围绕其风格进行打造,这也是成功的原因之一。换个思路想,如果主持人是王娜、刘娜则不会有这样的效果。类似的还有大热影片 IP《超能陆战队》,抛开其剧情不讲(主要讲述了充气机器人大白与天才少年小宏联手菜鸟小伙伴组建超能战队,共同打击犯罪阴谋的故事),其人物形象大白就是一个非常具有特色的外在差异化。

事实证明,也正是因为这个人物形象才吸引了不少青少年观众。《超能陆战队》一经播出,所有人都深深地爱上了"大白",并因为大白而爱上了这部剧。随后衍生出的大白公仔、玩具等产品也是销售火爆,甚至在全世界范围内引发了"大白热"。

无疑,外在差异化是内在差异化的补充,可以说为整个 IP 的成功上了一道保险。

(3)渠道

为什么需要对渠道进行差异化定位? 因为目前大多数 IP 内容都比较好,表现形式也非常不错,但就是无法走向市场、面向观众。

这是因为渠道的缺乏和不成熟，导致很多有潜质的 IP 本有望成为爆款 IP 却被埋没。

最典型的例子是晋江文学城刊登的大量小说。这些小说虽然拥有大量读者，但在全国市场中仍是非常小的一部分，仅限于晋江网、作者自身带来的一些读者或者忠诚粉丝，因而难以面向更广领域的读者。这时有的作者想到了通过出版社、书店或电商平台渠道来出版纸质书，但很多书因为内容受限无法通过出版社出版。

最后的解决办法是作者 / 粉丝组织筹钱，寻找印厂定制纸质书，然后出售给粉丝。这样的方式虽然达到了出版的目的，但没有解决渠道的问题。因为最终还是卖给了粉丝，存在不少"危险"，如无法把握产品质量，或者 IP 方直接出面"叫卖"会有捞金之嫌。在传播能力极强的粉丝社群里，这些负面信息会影响到很多粉丝对 IP 方的印象。因此大多数 IP 宁愿不挣这个钱，以免承担掉粉的风险。

可见，当前制约 IP 发展的最大阻碍仍在渠道方面，这也是后面会讲到的 IP 在变现上比较困难的主要原因。大多数 IP 方是会写、会画、会唱的创作者，而在商业运作方面却毫无经验。尽管在一些比较小众的文化体系内，也有互联网公司、专业性经纪公司来运营，但毕竟非常有限。

这也说明，一个 IP 如果能在渠道方面有所突破，成功的机会将大增。以好妹妹乐队的工体万人演唱会为例，一个本来只是在民谣圈子里有名气的弹唱组合，通过京东众筹筹集了 230 万元，最后在不少歌手都梦寐以求的工人体育馆举办了万人规模的演唱会。这次众筹给好妹妹乐队带来了极高的曝光度和影响力，随后的人气如火箭般飞升，可谓"一筹成名"。

链接阅读

京东众筹是京东网旗下的一个众筹平台，也是国内最大的权益类众筹平台，于 2014 年 11 月 11 日上线。

"IP+ 产品"的文化类众筹模式是京东众筹于 2016 年 10 月 19 日在上海召开的 Bigger 大会上提出的，立志要成为一个 IP 孵化器。众筹平台的加入使文娱产业的运作更快步入正轨，"IP+ 产品"的文化类众筹模式除了给予资金回报让 IP 方继续有精力创造内容以外，也对 IP 方累积自身粉丝势能有着很大的意义。

以往因缺乏整体平台，IP 方只能在各自的小圈子里发展粉丝，推出的产品也仅仅是供自有粉丝购买。当京东众筹将这些 IP 和他们的产品都集中到同一平台后，实际上就是不同 IP 的粉丝流量同时集中在一个入口。IP 方可以在这个平台上实现流量的交换，用产品去吸引更多粉丝以实现变现。同时京东众筹还提供粉丝运营、IP 热度指数排行等服务，让 IP 运作更加专业化。

4.4 形象包装：让 IP 实现内外兼修

提到形象包装，大多数人想到最多的可能是商场或超市里的商品、演艺界的明星、T 台上的名模。心理学研究发现，消费者购物存在一个"7 秒钟定律"，即面对琳琅满目的商品只要 7 秒钟，就可以知道自己对这些商品是否有兴趣。而在诸多影响临场购买行为的因素中，包装是非常重要的一个。

一个好的包装设计，是产品的一大优势，更是一个隐形的消费增长点。同样，那些明星们也正是因为独特的形象，让我们记住了他们留过的发型、穿过的衣服、说过的话、唱过的歌……可见，在文娱圈形象包装必不可少。

如果认为包装仅仅是"形象"的事情，那就大错特错了。这是一个注重审美的时代，包装早已被作为一门成功学来苦心经营。包装的效应无穷大，它可以让一个产品畅销，让一个明星爆红。被包装后的产品、明星，在某种程度上已成为了演艺企业的无形资产。而企业正是靠着这些无形资产制造的社会效益和经济效益来树立品牌，维持日常运营的。

这就从侧面反映出，形象包装更多的是一种商业行为、一种经营策略，如对品牌的包装、产品的包装、人物的包装、服务的包装等。其实，包装策略不仅适用于我们所看得见、摸得着的实体产品领域，对 IP 这个无形的产品同样是不可或缺的。IP 作为文娱产业的主要产物，本质上与那些明星一样，是娱乐公司、演艺企业的无形资产。这些企业为了使这种价值无限放大，必定会花费巨额资金进行形象包装。通过包装，既可以美化外在形象，又可以提升内在价值和附加值。

IP 一旦远离特定的包装，要么大打折扣，要么血本无归。一部电影、电视剧、游戏、音乐剧以及芭蕾舞剧等，皆是如此。可见，形象包装无论是在宣传效益还是经济效益上，抑或是在满足大众的需求上都对 IP 有着重要的促进作用。

（1）带来宣传效应

包装最初的目的就是便于宣传，而良好的包装有利于 IP 在受众中树立正面的品牌效应。如今的 IP 竞争非常激烈，致使大量的 IP 资源狂轰滥炸般扑面而来。那么，你的 IP 如何才能在激烈的竞争中脱颖而出并吸引观众的关注呢？那就是在注重挖掘价值的前提下，通过包装把它们作为文化商品进行美化，以达到内外兼修的目的。这样就能在大众心目中树立强有力的品牌形象，进而留下创意、创新的印象。

（2）带来经济效益

信息时代是个眼球经济时代，只有让更多的人把目光集中在你身上才能实现你的价值。美国著名学者迈克尔·戈德海伯（Michael H. Goldhaber）曾提出过"注意力经济"这个概念，他认为："由于注意力固有的稀缺性，使获得它比较困难"，"这种综合特性可以使它成为经济的潜在驱动力"。

IP 现象就是注意力经济的集中体现。例如量化一部电视剧或者电影价值大小的标准就是看其收视率——收视率的上升会直接决定连带商业广告的关注度，即收视率越高带来的经济效益越大。虽然受众注意力不能直接给电视台带来价值，这些"眼球关注度"却是有价值的。IP 包装得好就会带来更多的"注意力"，广告商也会相应地把更多的利润让渡给该 IP，这样就间接地实现了包装后的商业价值。

（3）承载文化理念，带来审美价值

IP 本质上是一个文化产品，那么就应该把自己的文化理念、价值观念告诉观众。任何一个好的 IP 都会对受众产生潜移默化的影响，那么让这种文化理念、价值观念外显的关键就是形象的包装。

合适的包装能够给观众带来美感，鲜明的图形、漂亮的颜色能够使 IP 体现出自身的文化价值观，并使观众沉浸在视觉的享受中，体验身心的愉悦。

4.5 善于借势：IP 也需要搭顺风车

由于 IP 的指向性、市场性非常强，因此不同于常规意义上的文学作品。除了要根植于现实、贴近生活外，还必须去满足大众的需求、市场的需求。这就要求创作者在结合现实的基础上，把握当前趋势，如大众正在关注的热点、潮流等。

这也被称为"借势"。只要抓住这些东西，增强内容的丰富性和新颖性，就会更容易吸引粉丝的关注和追捧。

那么，这个势如何借？其实是十分讲究技巧的。第一就是借那些爆款 IP 的"势"，尽量向已经取得良好社会效益、经济效益，或有粉丝基础的 IP 靠拢。

案例 5

《万万没想到西游篇》是 2015 年年末上映的一部奇幻喜剧电影。这部剧是《万万没想到》与《西游记》的结合体，前者是搞笑网剧，后者是经典电视剧。当时将《万万没想到》由网剧改编成电影时，策划方就认定前景不会太乐观，一部网剧改编拍成电影，观众的认可度能有多大？为此，策划方决定必须让这部剧攀上一个高枝，而国内经典电视剧 IP《西游记》就是这个高枝，于是才有了《万万没想到西游篇》。

变身为《万万没想到西游篇》之后，其内容就给了大众耳目一新的感觉。尽管不是原创，但也激发了不少观众的好奇心。事实也证明，正是因为有了《西游记》这个元素，很多人才前往电影院去观看《万万没想到西游篇》。

与预期的一样，该电影在上映后好评如潮。《西游记》的深厚底蕴加上《万万没想到》的搞笑无厘头，成功地塑造了一个新的热点 IP 项目。

在借势上，还有一股力量不可忽视，那就是影视明星、行业大咖、网络红人等。因其高知名度、大影响力能对大众的心理、行为产生促进作用，因此各种商业活动中常出现他们的身影。同样，在创造 IP 项目上也可以巧妙地借明星的势。

案例 6

　　在影视 IP 如火如荼的今天，无论是传统的影视制作公司，还是新型的互联网公司，都积极参与进来，希望分得一杯羹。UC 就是其中之一，并于 2016 年 3 月 12 日推出了网剧《全明星探案》。

　　这是一部特殊的电视剧，为一款真人互动游戏，由于里面设置了人物和剧情，因而显得比传统游戏更丰满、更具情感。但它也与常规意义上的影视剧或网剧有很大的不同，如没有导演、没有场景，主要由明星人物与观众进行互动。参与的明星有 TFBOYS、黄晓明、陈乔恩等，尤其 TFBOYS 的加盟更是吸引了不少年轻人的关注。

　　可以说，大量明星的参与才是这部剧的最大亮点。通过这些明星的影响力和光环，UC 浏览器筹拍的《全明星探案》也获得了大量关注，尤其是明星的粉丝们。随着《全明星探案》关注人数的增多，UC 手机浏览器的品牌影响力也越来越大，从而积累了一大批年轻用户。

　　UC 作为互联网业巨头，也开始跨界拍起了网剧。有人预测《全明星探案》将会掀起一股新的影视 IP 潮流，届时也许会成为这股潮流中最大的 IP。就像当年的娱乐节目《爸爸去哪儿》跨界拍电影，也带动了很多娱乐档节目的风向。

　　当前，利用名人来打造 IP 几乎已经成了业界的共识。由于名人本身就是个爆款 IP，其声望和影响力比普通人大很多，因而两者的联合可谓强强联手。

4.6 高度融合：跨界是未来的主流

　　未来的办公场地可以只租一个星期、一个月，可以只租一张办公桌、一间办公室。而且全部的手续都在手机上完成，比如从预约到付款；同时只需要带上手机和电脑，就可以开始办公。这个场景即将出现在北京和上海的 SOHO 中国写字楼。

SOHO中国董事长潘石屹把这个产品命名为：SOHO 3Q。这其实是一种跨界，即传统房地产大佬主动拥抱移动互联网时代。

互联网巨头们也都不闲着，小米投资6000万元大举进军家居业，声称"699元／平方米，20天完工，手机监工，不用去工地，有需要的话，设计师上门服务"。房地产行业和互联网公司"眉来眼去"，动作频频，为地产家居领域带来了新的发展契机。尽管目前还难以判断潘石屹移动办公商业模式的前景，小米699元家居梦也暂时停留在畅想阶段，但不可否认的是移动互联网的浪潮席卷而来，房地产行业也无法"独善其身"，与其拒绝改变，不如因势利导，实现凤凰涅槃。

IP要想获得较大的市场影响力，就必须会玩跨界。互联网时代行业壁垒已被打得粉碎，行业与行业之间即使毫无关联性、交叉性，也仍然挡不住相互融合的脚步，从而实现畅通无阻的合作。

这就是互联网时代的"无脑逻辑"，隔行如隔山的传统思维再也不是思考问题、解决问题的最好方法。畅销书作家布赖恩·伯勒、约翰·希利亚尔曾在《门门的野蛮人》一书中，把"门口的野蛮人"用来形容不怀好意的收购者。现在，有些人也把行业壁垒以外的人称为"门口的野蛮人"。腾讯科技频道所著《跨界》一书认为：

在这个时代最勇猛的"野蛮人"正举着互联网的大旗杀来，行业壁垒已被打得粉碎，站在门口的那帮"野蛮人"貌似并不懂得门内的所谓专业规则，却对门内的市场垂涎三尺。但"门口的野蛮人"冲进门内的同时，门内也并非毫无触动，他们也在提升自己。于是，融合诞生了，门内门外彼此渗透，这就是跨界。

那么，如何做才能实现跨界呢？最简单、最直接的方法就是捆绑爆款IP。在IP商业运作过程中，这样的例子比比皆是。

案例 7

《小苹果》无疑是最典型的一个。筷子兄弟仅凭一首神曲就扫荡了大江南北，为影片带来了两亿元左右的票房。而《老男孩》的网络影响力＋视频平台强大的宣发能力，无疑是使影片票房更上一层楼的坚实保障。

腾讯与上海通用汽车的合作，本质上就是一种"IP 共建"和"IP 延展"。在双方合作的三款车型里，欧迈罗就是大家熟知的电影《变形金刚》里的"大黄蜂"。腾讯游戏方面通过美术设计、数值设置等手段，把它塑造成《天天飞车》里最受欢迎的一款车型；实际上在这个过程中腾讯与上海通用一起把"欧迈罗"或者"大黄蜂"这个 IP 的外延建设得更大，让它涵盖了汽车和游戏两个领域。而最终的营销效果也十分明显，这个车型在合作期间，无论是线上线下销售成绩都很可观。

电影《催眠大师》由于其独特的视角和个性化的营销，也成了当时影视行业中的一个爆款 IP。于是速 8 酒店立刻捆绑这个大 IP，在全国推出了速 8 酒店的房卡，这不仅给当时热映的《催眠大师》带来了更多的票房，同时也为速 8 酒店赚足了眼球和利润。

因此企业要想借助 IP 营销的共性进行跨界营销，就一定要抛除过去的老式植入方式，即不能以简单的媒介组合来营销，而要推出创新、个性化的捆绑跨界，玩出 IP 跨界的新高度。

在移动互联网下，跨界已经成为各大企业必须做的事情，似乎也已经成为互联网营销的一大有力法宝。在 IP 营销火热的当下，跨界依然盛行，而要想共赢就必须抛除"独占"的心理和模式。

IP 营销并不一定要大浪淘沙挖掘新的产品、作品，例如《星球大战》《美国队长》等这些已经成功的爆款 IP 虽然很受青睐，但要想将它们变得更加成功，实现商业价值和最大收获，就需要一些伙伴、需要跨界共赢。

身处互联网高度发达、万事万物相互相通的时代，不同人群之间的交集越来越多，跨界合作正在变得无限大。两个或多个毫不相干的 IP 或 IP 元素，都可以通过这种合作相互渗透、相互影响、相互补充，进而分别获得很好的收益。

第

5

章

商业运作：让 IP 实现持续赢利的 8 大运作方式

　　一个 IP 要想实现自身的价值，必须通过一系列的商业手段运作。因此，IP 的商业化非常重要，如品牌影响力的打造、赢利模式、衍生品的开发以及粉丝的吸引等。只有不断地优化，不断地投入更多的资金、人力、物力，才能实现 IP 的升级，为最终的变现奠定基础。

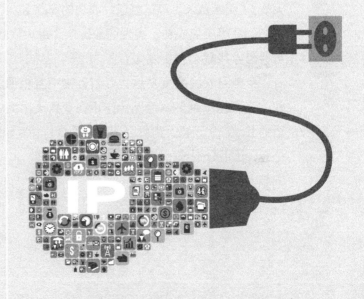

5.1 品牌化运作，树立 IP 的品牌影响力

要想打造好的 IP 必须融入品牌元素，才能实现品牌运营。品牌是依附在产品中的一种无形资产，可给产品带来高溢价、附加值。它通常是指用以和其他竞争者的产品或服务相区分的名称、术语、象征、记号或者设计及其组合，增值的源泉来自于消费者心中形成的关于其载体的印象。由此，一个好的品牌会给商家带来很大的商机和效益。

关于 2016 年春晚，人们谈论最多的话题就是六小龄童能否上春晚。在距春晚开播还有一个多月的时间，微博、微信朋友圈上就有上亿网友参与讨论，并且接力支持六小龄童上春晚。

那么，这个话题为什么会如此受大众关注？原因主要有两个：一是 2016 年是猴年，二是大众对经典电视剧《西游记》的回忆和留恋。六小龄童扮演的孙悟空作为一代人心中最完美的美猴王人选，如果能登上万人瞩目的猴年春晚也算是圆了全国所有猴迷们的梦。用现在的话来讲，《西游记》就是一个爆款 IP、经典 IP，也是目前那些看似火爆的网剧 IP、影视 IP 所无法比拟的。因为《西游记》已经成了一个品牌，围绕这个品牌打造出的衍生品个个都可以火；而现在那些新生 IP，充其量是刚刚开了个头，至于延续性有多大，仍需时间来检验。

在商业界，有一个永恒不变的法则——品牌战略。即无论是一个企业，还是一个产品，其经营者都十分注重品牌的力量、重视品牌化运作，以建立持久性更强、影响力更大的竞争力。

如手机品牌苹果、汽车品牌劳斯莱斯、饮料品牌可口可乐、动漫品牌迪士尼等，它们都以特有的品牌影响力，占据着市场的半壁江山，其地位不可撼动。

可见，品牌是任何时代都必须坚持要做的核心工作，更是做好互联网产品、开辟互联网市场的核心所在。经典永远不会被抛弃，像脑白金、乐百氏、农夫山泉、金龙鱼、采乐、汇源这些品牌之所以会经久不衰，就在于他们抓住了品牌这个最核心的东西。

然而在互联网、移动互联网的时代，很多企业做一个产品或服

务时忘记了品牌这一核心标志，只是盲目地扩大生产规模，在营销渠道、价格、促销上花样百出。做IP也是如此，若想成为爆款IP必须有一定的品牌影响力作基础。所谓品牌战略，就是指将品牌作为核心打造一个鲜明的、独特的产品或劳务名称、术语、象征、记号或者设计及其组合，以便在大众心目中形成关于其载体的印象。品牌是一种无形的资产，带来的思维溢价、产生的增值不可估量，因此往往被上升到战略层面。

一个IP也需要打造自己的品牌，因为只有在品牌的带动下才能获得长足的发展、产生久远的影响。我们常说，IP其实是一种普世价值，折射的是价值观、人生观、世界观或哲学层面的含义，因而最终目标是要与人们产生文化和情感上的共鸣。无论一部小说、一首歌曲、一部电影还是一个人等，都只是在具体的形态上不同，而表达的核心内容、文化创意是一样的，即要有长期存在的潜质。

所以，一个真正有意义、坚挺的IP是不会因为热点的转移、时代的变迁而退出历史舞台的，更不会消亡。

案例 1

　　美国漫威漫画的美国队长俨然已成为超级英雄的代名词。1941年一本名叫《Captain America》的漫画初次刊发，于是一位象征爱国主义与美国精神的精神领袖诞生了。在当时特殊的政治环境中，它被立刻赋予了一种特殊的意义，成为美国人民心中的大英雄，以及美国精神的象征。至今之所以仍能被大多数观众所接受，就是因为其宣扬的"英雄主义""爱国主义"永远未变。

　　而我国几百年前的一部古典小说《西游记》，代代相传，堪称经典。近些年围绕着它开发的各类动画剧、影视剧层出不穷，十分受欢迎，而且好评不断。这正是因为其中表现出来的永远是人们所提倡的惩恶扬善、不怕困难、百折不挠、永远向前的精神。

无论是《美国队长》，还是《西游记》，这些IP之所以能长久不衰，都是因为已经变成一种文化、一种典范，在历代人心目中树立起自己的品牌形象。因此我们常常会看到有很多企业利用这些 IP 中的人物形象做产品代言，以吸引消费者。

麦当劳与超级英雄的合作、可口可乐与西游记的合作如图 5-1 所示。

图 5-1　企业利用 IP 品牌的知名度做代言

能吸引企业参与进来，其实也是品牌影响力的一种体现。好的 IP 必须有这样的价值：不但不会随着形态变化、时间变迁而发生改变，反而会借助这个"金字招牌"随时随地都可以让自身的价值得以体现。

做 IP 就是做品牌，可以说是一个长线投资，不仅要看重它当下的赢利能力、市场号召力，更要挖掘其内涵和潜在价值，使它成为某一领域的翘楚。然而，国内的"IP 产业"与这样的目标还有很大的差距。很多人浮躁地误以为 IP 就是"速食品"，就像快速烹饪一道"一鸡多吃"的菜，将鸡汤、鸡肉等炒好后，快速上桌，迅速变现。因此，我们经常会听到：某某 IP 花大量资金打造出来后没有预期的好、某某热播电视剧 IP 改编成游戏后开始走下坡路……

从品牌运营的角度来看，IP 不应该依附于某种具体的形态。当然，现在在国内 IP 确实都依附于它的原始形态。例如，一个 IP 是从小说里诞生的，就会依附于"原著"。

总之，IP 的终极目的是追求价值和文化认同。也就是说，IP 提供给消费者的不只是产品的功能属性，更是一种情感寄托。所以，只要产品本身能够体现出特定的情感和文化元素，至于其具体形式是什么，消费者其实不会过于在意。

因此，打造IP不能只停留于表面。尽管有的消费者会关注产品本身的功能特性，例如首先会问自己：这个东西是我需要的吗？但由于这些特性都会随着呈现形式的不同而发生变化，因此只有内在的东西最稳定永恒，且是品牌延续的根本原因。就像超级英雄，无论是漫画还是电影，就像《西游记》，无论是小说、电影还是动漫，尽管形式在变，但核心价值永远不会变。

打造IP品牌需要长期的积累，付出极大的精力。由于国内的IP产业仍处于初级阶段，因此并不能要求每个IP都成为品牌，毕竟精品是少数。我们只能寄希望于这样一个目的：在打造每个IP的过程中，要有意识地树立其品牌，并在持之以恒的运作中越来越向IP靠拢，或逐步建立起大家认同的品牌文化。

下面为IP品牌的建立提供一种思路。

（1）做好底层建设

底层建设也叫打基础，主要是指对IP大框架的设计，如设定人物的价值观、宏观背景等。如今国内的大气氛是看重IP变现，于是在各种媒介载体上构思和IP契合的故事，这就有点本末倒置了。

（2）提炼品牌理念、品牌文化

拥有品牌理念、品牌文化是一个品牌存在的基础，否则就无从感染粉丝及客户。当然，这一切都要建立在产品构建的基础上，并有明晰的产品定位。

我们所说的"泛娱乐生态"，就是一个强大的IP品牌。一个品牌，无论是小说、动漫、游戏，还是电影、电视剧、舞台剧等，只要能够围绕一个品牌核心，就会在市场上游刃有余、高契合度地穿梭，从而形成一部部具有强大竞争力的作品。

5.2 链条化运作，深度开发二次改造

当前IP市场最大的一个黑洞就是种类很多，但真正能站稳脚跟并持续输出的寥寥无几。绝大部分都是转瞬即逝，今天生明天死。投资商花大量人力物力财力打造的一个IP，上市之后也只能火一阵，

然后就是无声无息地淹没在市场洪流中。

为了延长 IP 的生命线，使之长久地存活于市场，很多商家想出一个办法：要系统化运作，围绕一个 IP 进行深挖掘，开发其周边产品和衍生品，从而建立起一个与源 IP 相关联的链条、生态圈，持久地去影响大众。如一部小说通过自身具备的音乐、游戏、影视、动漫等原创能力，经过二次改造 IP 就变成了一个高能化产品。

目前国内在这方面做得还比较不错，很多热点 IP 都至少打造出了两种及两种以上的周边产品。这样的经典案例有很多，如《斗破苍穹》《十万个冷笑话》等。

案例 2

《十万个冷笑话》最早只是一个流行在网络上的漫画段子，凭借幽默的风格和夸张的画风而吸引了大量粉丝。有人看中了其中的商机，便制作成了动漫，《十万个冷笑话》第一季点击量超过 10 亿，漫画版目前点击量也达到了 14.9 亿次。

在已经拥有优秀的动漫品牌之后，企业要想完善布局，电视剧、大电影和游戏的开发是必不可少的环节。为了进一步挖掘其潜力，先后又开发了电影、舞台剧、手游等；同时在衍生品开发方面，也做了一些尝试，如卡包、手表、玩具等（见图 5-2），无论创意还是做工都算得上精致。

图 5-2 《十万个冷笑话》衍生品

《十万个冷笑话》由一个网络段子最终发展成爆款 IP，正是链条化运作的结果，即从点到面进行多维度布局。如果当初只限于段子或动漫，恐怕不会有如此大的影响力，那么与《十万个冷笑话》有关的很多潜力也就很难被挖掘出来。

　　鉴于 IP 的价值，其运作正在从过去单一粗放的模式走向一体化、自主化、全产业化的模式。企业只要在某个点上看到了空间，就会不遗余力地延长产品线，大力扩展周边产品，以实现更大的额外价值。

　　以小说为例，我国最早的小说主要采用制作图书、杂志、报刊的形式，直接发售或通过代理商代理来获取收益。图 5-3 所示为小说 IP 的单一运作模式。

图 5-3　小说 IP 的单一运作模式

　　而在实施链条化运作后，便逐步向动漫、电视剧、大电影及其他衍生品方向蔓延。尤其是出现互联网之后，线上产业迅速发展起来，基于各个平台、网站的付费阅读、增值服务也成为衍生品的主要类型。图 5-4 所示为小说 IP 的链条式运作模式。

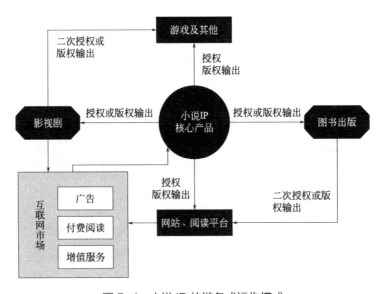

图 5-4　小说 IP 的链条式运作模式

如湖南卫视的《爸爸去哪儿》本身只是一个娱乐节目，后来通过链条式运作衍生出了很多周边产品。如《爸爸去哪儿》的电影，还有下载量超过一亿两千万次的跑酷游戏、手游。当然除此之外，每个老爸还各自出了一本怎么教育孩子的书等。该节目最初的版权来自韩国，引入之后做了大量改变，使得韩国方面十分震惊，因为这个 IP 在中国衍生出的很多东西都是他们没有想到的。

对比两种模式可以看出，链条式运作比单一运作产品类型更丰富、赢利途径更多、相互之间的合作更紧密，大大降低了产品的风险。围绕核心产品，多维度地做周边产品、做衍生品，是目前 IP 运作的常规套路。如今，段子、故事、小说、动画、游戏、电影在链条式运作模式下已经处于高度的互通状态。一个好 IP 的形成需要在各种维度上进行覆盖，并且还要积极活跃起来。

不过，真正运作起来并没有那么容易。在这个过程当中有很多难以解决的问题，像如何实现不同形态 IP 的成功转换、如何将用户与 IP 深度连接等。

如有的 IP 是由网络作品发展而来，从内容到形式都烙上了互联网的基因，如果想向影视 IP 发展，在短期内登上荧屏并不现实；再如粉丝的导入问题，由漫画 IP 改编成手游后，早期积累的粉丝是否愿意接受手游、导入游戏中的粉丝如何持续认可，还需要游戏自身不断地优化，否则很难形成自己的产业链。

因此在开发一个 IP 时，不能盲目地延伸其产品线，也不能单纯地根据源 IP 的粉丝量做决定。综上所述，一个 IP 无论处于什么形态，在进行链条式运作之前都需要做好以下工作。

（1）选择自己擅长的方式完成创作

IP 的链条式运作，在某种程度上是一种跨界，每转换一次形态就意味着需要一个全新的操作模式。如电影的影视剧转换，如果用做电影的思路去做电视剧，结果可想而知。

动漫、歌曲、电影等多种形态之间都需要转换，因此很简单的一个链条就会变得异常复杂。对于动漫，是间架结构和动漫语言表达；对于电影，是镜头语言和编剧；对于网络歌手，是便于传播的广场舞歌曲。每一种具体形式都有自己的制作特点,选择自己擅长的方式完成对 IP 的进化是目前市场上急缺的创作素质。因此,一个 IP 的链条式运作需要不同的单位、不同的团队进行合作,并各自制作最擅长的内容。

(2)处理好不同形态 IP 内容的转换

IP 在不同形态的转换中,需要处理好题材的迭代关系。一个题材到另一个题材,是延续、是创新,而处理好这个关系很关键。无论是将题材注入新 IP 还是自创 IP 题材,关系的平衡都非常重要。

如《怪物史莱克》,作为影片,应人人互动,影片主人公与观众之间的情感互动是主线,因而故事情节、语言表达等是重中之重;而作为游戏,则应该人机交互,或称之为游戏性,因而对画面、角色设置、可操作性的要求就会变得很高。

如在 PC 端游戏时代,游戏外延的扩展落在了工会和相关的 YY 频道里,间接炒热了女主播行业。而在移动互联网时代到来之后,便携设备使得随身视频、游戏等形式更加多样化,未来 IP 的载体也会越加广泛。

(3)融入一个亚文化体系中

每种文化形式在拥有一定数量的优秀内容之后,无形中都会把自身固定在一个某种形象之上。这些形象包括网络人物、明星制作团队、明星制作人、歌手团体、声优、系列剧等,久而久之就成为一类亚文化。

在对不同的 IP 产品进行延伸的过程中,最终都需要将交互内容返回到这种文化上,把自创 IP 融入整个亚文化体系中,进而反哺 IP 的链条式运作。

5.3 生态化运作,形成良性循环高度互通

虽然 IP 生态化的概念炒得非常热,但具体什么是生态化业界并没有形成统一的认识。

所谓的 IP 生态圈，是把不同形态的 IP 整合起来，在用户群体中形成价值。如果说链条化运作针对的只是作品本身，属于静态运作，那么生态化运作则针对的是用户，属于动态运作。换句话说，一个 IP 无论延伸出多少衍生品，最重要的都是能被用户接受，在不同领域体现出各种价值，在用户心中产生价值，否则一切为零。

比如，最近比较火的《诛仙》。一开始它只是一本书，且只在书友里比较热门。但是后来通过生态圈的开发，打通了影视剧、游戏、音乐等不同渠道，让这个 IP 在不同领域发挥出了超强的生命力，吸引了有着不同需求的用户。

阅文集团版权拓展副总经理王芸以阅文旗下明星 IP《择天记》为例，现场介绍了阅文的开发构想和成果。这个明星 IP 在正式连载后，仅用 1 年半的时间便以燎原之势实现了出版、动画、舞台剧、周边衍生品、电影、电视剧等全产业链开花。不久前由鹿晗担任主角的《择天记》电视剧正式上映后，使该 IP 再次成为热点。

有了《择天记》的经验，阅文对更多优质 IP 进行了多种开发，如以电视剧、动画联动的方式开发《女娲成长日记》IP，对《全职法师》《神藏》启动动画 + 影视 + 游戏的方式进行全版权运营，甚至在《神藏》中首次引入 VR 体验项目。

从这个角度来看，IP 商业化正处于初级阶段，未来任重而道远，整合起来就是打造 IP 生态圈。

不过从中也可以看到一种趋势，那就是注重品牌的树立和跨界合作。逐步扩大影响力，吸引更多人才，随后逐步转到人才培养，建立经纪机构，拓展产业链，形成固有品牌。

以动漫 IP 制作为例，假如核心 IP 是一个动漫剧，则可以通过跨界组合实现向不同的市场蔓延，产生一系列相关的周边产品和衍生品，具体如图 5-5 所示。

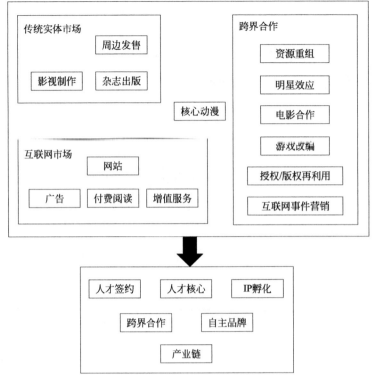

图5-5　以动漫IP为核心生态化运作

　　这种跨界运作的优点是：前期可提高现有核心动漫资源的利用率，通过传统方式切入传统市场，同时以跨界合作、游戏制作的方式迅速拓展市场。在拓展市场的过程中，集中资源进行自身品牌的营销，以吸引相关人才，形成完整的产业链。

　　关于IP共享的价值前文也提到过，如某影视公司在发力《盗墓笔记》电影关联的IP生态化产物的同时，会在北京同天上演另外一场《盗墓笔记》发布会。

　　通过这场发布会，受众了解到小米开发了《盗墓笔记》游戏，并且包含了VR版本。在VR的技术和沉浸感下，盗墓笔记的世界观才能得到真正完美的体现。玩家可以亲身体验深入地下墓穴的世界中去冒险和探寻宝藏，以及和神秘生物进行搏斗，从而得到感官的各种体验。借助于《盗墓笔记》这个爆款IP，未来小米完全可以以IP为依托和视频平台的VR进行跨界合作，而这个层次的跨界造成的影响将是空前的。

5.4 立体化运营，深挖掘形成网状联动

一个 IP 成功与否，在于它是不是可以发挥出自身最大的价值。因此，企业在打造品牌的长久影响力方面，要不断深度挖掘，进行网状联动，实施立体化运营，让 IP 全方位地实现它的价值。

在过去很长一段时间内，文化产品都从未像如今可持续输出高质量的作品，令文化消费者应接不暇。尤其是年轻一代对文化消费的需求更大，已经不再满足于传统意义上的看书、看电影、看电视、参观展览等。

如果说文化消费市场以前是单纯地看内容，被动地接受信息，那么现在则变得更多维度、更立体化。除了只是观看引进的版权内容，还需要更有个性化、特定口味的定制内容；除了想要在线上追剧情，还想要在线下与偶像互动……

为全面满足用户的文化消费需求，搜狐视频率先提出了 IP 立体化运作模式。在这个过程中，搜狐视频不断深度挖掘文化产业，进行网状联动，实施立体化运营。

案例 3

众所周知，韩娱是最具青春活力、最能引领潮流的内容品类之一。韩流文化的粉丝保持着极大的活跃度及用户黏性，粉丝与偶像之间有着强烈的忠诚度和"连接"诉求，甚至还会极力支持与偶像相关的品牌和产品。于是很多品牌商便充分运用这种效应，以深度激活韩娱的粉丝。

2015 年下半年，一部根据漫画改编的韩剧《夜行书生》在搜狐视频开播，引发了强大的 IP 效应。搜狐视频联合微博进行了 # 夜行书生 # 微博话题，并将这个话题打造到了微博话题榜的第二位，阅读量超 1 亿，其超强的主创阵容保障了该剧的高话题性；同时，搜狐视频和新浪微博的网状联动运营让这部剧以及搜狐视频得到了较高的传播。

搜狐视频还与其他品牌进行立体化运营，商业植入品类广泛涉及IT类、汽车类、化妆品类、服饰类、食品饮料类等，合作形式包括"剧情植入""人物定制""道具植入""产品摆放""服装赞助""场地赞助"等形式，形成了超立体化的打造，让《夜行书生》这个IP发挥出它强大的威力，为搜狐视频打造出强品牌效应，如图5-6所示。

图5-6　搜狐视频在微博上的＃夜行书生＃微博话题

除此之外，搜狐视频在打造IP营销的生态路上再创佳绩，如自制韩剧《高品格单恋》在2015年10月底上映。《高品格单恋》是由搜狐视频与韩国金钟学影视制片公司共同研发制作的，由"高品格、高颜值"的韩国偶像丁一宇、陈世妍主演。

作为首部互联网定制韩剧，《高品格单恋》一经宣传，便给了业界更多的期待。而在项目启动的第一时间，唯品会和七匹狼便拿下该剧线上线下的赞助权益，并在剧中与主角"亲密接触"，将品牌融入剧情之中，开创了品牌参与内容制作的新时代。搜狐视频的这种立体植入新模式，也成为很多IP运营学习的典范。

从线上韩剧、资讯等资源，到线下"欧巴中国行"等活动合作，在矩阵推广方式下，搜狐视频实现了"韩流"的闭环式IP营销。这种矩阵式运营的传播合力，不仅极大地增强了曝光率，还充分调动起了市场势能。搜狐汇聚起来的重大力量也更容易激发用户心中深层的情感价值，进而引发用户情感上的共鸣。

通过立体化运作，IP 实现了内容与多个环节的打通，实现了用户"边看边买"，并通过各种立体化方式消费的目的；同时缩短了受众从接触到消费的路径，实现了文化在市场的产业链贯通，开创出新的 IP 价值模式。

5.5 打通渠道，多维度多平台高效传播

在 IP 的运作过程中，最不能缺少的一个"角色"就是渠道。畅通的渠道是 IP 扩大宣传力，提高曝光度，被大众认识和接受的主要途径。可以说，打造渠道确实是一场商业行为。尤其是我们今天谈到的 IP 渠道，与其他商业行为渠道的打造还有些不同，最显著的特点就是多维度。

如果大规模地做渠道、搞宣传，资金难免会吃紧，从而加大投资风险。在这种情况下，很多人便开始向成本低廉的渠道转移，比如网络渠道、自媒体渠道等。

案例 4

腾讯于 2014 年 9 月进行安卓测试手游《天龙八部 3D》。这个题材移植和复刻了端游《天龙八部》玩法的精髓，并且在此基础上以腾讯应用宝，通过调用 QQ 浏览器、QQ 游戏大厅等多平台的推广，运用特有的发行优势为其迅速导入了大量的流量。所以《天龙八部 3D》在短短两个月的时间，其平台流水就取得了超过两个亿的好成绩。与此类似的成功变现案例还有很多，如在 IP 变现内被称为经典案例的《十万个冷笑话》，就是通过联合运营 IP 的方式取得了电影、游戏双丰收的好成绩。

在宣传渠道上，除了传统的电视、网络发布会等外，还有很多更加自由、便捷、灵活的渠道。尤其是随着互联网技术的发展和普

遍运用，宣传渠道的种类越来越多，如微博、论坛及其各种视频网站等线上渠道，以及微信、App、直播等自媒体渠道，这些都对打造、扩大IP宣传力有很大的帮助。

而在新媒体时代，每一个发出声音的地方（BBS、博客、微博、微信或者其他），都可以看成一个节点：话语节点。整个互联网的价值，就是这些节点的平方。这里所谓的价值是指对社会人文乃至人类文明的贡献。这对于没有足够经验和资金的个人或团队来讲非常合适，能够以低成本打造自己的IP。

（1）利用自媒体

自媒体已然成为最强大的内容承载平台，IP必须善于去迎合才能保证阅度和热度。

罗振宇在网红如日中天的今天，可谓爆款IP，但他的火爆完全靠的是公众号。由主持人转到网络视频脱口秀的他，乘着自媒体红利高峰期的班车弄火了公众号，顺理成章地拥有了很多会员和粉丝。

（2）利用工具

市场上充斥着大批活跃的工具，如果能够恰当地利用好这些高频的工具，对自己的IP打造也是非常有帮助的。

小咖秀在刚开始进行市场推广的时候试图接触过一些明星，但大部分都觉得有损自己的形象而拒绝了，只有王珞丹积极尝试了这款搞笑娱乐的产品，也因此与粉丝多了一条互动的渠道。

《咕噜咕噜美人鱼》在宣发时选择与皮影客（一个文娱公司）合作，并利用其能够快速制作动画的这种高频产出优势，把IP形象交给粉丝去自由创作动画短片、导演剧情，而且与主创团队互动交流，同时配合一系列的小活动，才让更多人认识了《咕噜咕噜美人鱼》。

因此，打通渠道必须厚积薄发、多面出击，把能够想到的各种途径方式都尝试一遍，以最小的投入使品牌效果最大化。最佳的做法就是坚持不断尝试、不断测试，直到探索出一种最有效的方法。假如试过10种方法，那么就要剔掉其中9种，以便把手里的资源集中在一个有可能的爆发点上，不断放大、不断蓄力，直到爆发。

5.6 分工与协作：合作运营才能共赢

一个 IP 项目在后期的运营过程中，分工与协作很关键。可以说，没有各方的合作就不会有 IP 的最终形成。尤其是那些爆款 IP，都是各方合作的结果。

案例 5

提起《蜘蛛侠》，很多人第一时间便会想到这是一部好莱坞大片。的确，大多数人熟知"蜘蛛侠"这个名字就是从好莱坞影片开始的。但其实在被拍摄成影片之前《蜘蛛侠》就已经有了，只不过是以漫画的形式出现的。

20 世纪 60 年代，《蜘蛛侠》漫画已经形成，并出现在 1962 年的最后一期《神奇的幻想》（Amazing Fantasy）漫画书中，但是当时的知名度仅限于漫画圈。1963 年 3 月，由于蜘蛛侠取得了巨大成功，《神奇的幻想》被更名为《神奇的蜘蛛侠》。

而后，它的影响力便在漫威的打造下逐步梳理起来。在接下来 60 多年的时间里，爆款团队在杰克·科比的带领下，为《蜘蛛侠》加入了更多社会化的内容和创意。后来这部漫画在销量上出现了直线上升，成了当时最受欢迎的漫画之一，影响了一大批美国年轻人。

当品牌得以扩大、知名度得以提高后，哥伦比亚影业公司 2002 年又将它全新塑造成影片搬上了银幕，并且真正成为今天人尽皆知的爆款 IP。

《蜘蛛侠》作为一部以"蜘蛛"为主题的漫画的确很新颖，但仍不具成为爆款 IP 的条件。如果没有杰克·科比在内容上的创新，以及哥伦比亚影业的推广，它就很有可能会停止在漫画阶段，从而逐步被人们遗忘。

所以，从这点就可以清楚地看出，一个爆款 IP 的打造以及品牌知名度的提高并不是只要有一个好的设计就可以，而是需要一套完整的运营流程。

合作对 IP 品牌的知名度和未来的发展而言相当重要，要求 IP 投资方有一个精良的、专业的运营团队。这个团队要时刻保持精力旺盛，从 IP 概念诞生开始就要关注市场、关注热点，与品牌结合，打造出一套适合自己的爆款 IP 模式。

案例 6

拥有热门小说 IP《逆鳞》版权的上海掌控网络与咪咕互娱联合，计划将它打造成一个爆款 IP。在合作的过程中，两家公司将发挥各自领域的资源优势，共同拓展市场，推动行业发展。

据掌控网络 CEO 余肖华透露，将不遗余力地从影视、游戏、动漫、周边等全线去表现这个大热 IP，大力推广华夏民族血脉里与生俱来的龙文化，积极接触影视公司初步商议改编的问题。咪咕互娱 CEO 王刚也表示，自己就是柳下挥的小说爱好者，之前是每天追更《逆鳞》小说，现在则是用心倾注资源打造好同名作品。

上海掌控网络科技布局泛娱乐产业，拥有不同风格和流派的小说、动漫、影视和游戏内容等，坐拥《逆鳞》《枭臣》《昆仑》《琉璃美人煞》《大唐后妃传之珍珠传奇》等数十部大 IP 作品。曾发布的《新大主宰》更是获得 360 手游年度精品游戏，据悉该游戏季度流水已过亿。掌控网络主要通过小说、影视剧、游戏、动漫等多种产品媒介，并且与柳下挥、辰东、天蚕土豆等国内超一线作家保持战略联盟关系，将爆款 IP 打造成现象级文化符号，去助推东方文化格局。据悉《逆鳞》剧集投资将超过 2 亿元，令广大原著粉与玄幻迷们期待不已。

咪咕互娱也是一家实力强劲的公司，在业内首次提出"版权 -CP-渠道 - 运营商"四方分成合作模式；并相继公布了四批 IP 合作名单，涉及文学、动漫、综艺、影视、游戏等领域共计 150 个 IP，其中不乏《非诚勿扰》《终结者 4》《哆啦 A 梦》《初音未来》《微微一笑很倾城》《快乐大本营》等知名 IP。尤其是咪咕的游戏，已逐步成为游戏领域的知名品牌，深受粉丝的追捧，如图 5-7 所示。

图 5-7 粉丝狂热追捧的咪咕游戏

在"精品为先"发行战略的指导下，咪咕互娱聚合精品游戏，独代发行《消灭星星 2016》《奔跑吧兄弟 3- 撕名牌大战》等多款游戏。其中《奔跑吧兄弟 3- 撕名牌大战》首发 3 天用户即破百万，首日流水突破千万，打造了当年休闲游戏的行业标杆。

打造一个超级 IP 要严格按照 IP 运营做好每个细节，就像工厂生产一个产品这种工业化的 IP 管理流程，让成功经验可以复制。比如漫威在 20 世纪 60 年代打造了现今知名的绝大多数超级英雄，我们也可以摸索出一套适合中国的模式来大规模地打造超级 IP。

IP 的商业化运营大致有四个阶段，每个阶段都有不同的分工，并由不同的主体来完成。

（1）第一个阶段：IP 开发的全盘设计

无论是新 IP 开发还是旧 IP 改编，都需要先有一套针对市场特点和受众口味的方案。这个阶段主要是判断 IP 是否具备打造潜力，或者发现好的 IP 创意后如何应对。判断标准可从表现形式的极致、故事构架的引人入胜、具备普世元素的世界观和具备长期生命力的价值观四个方面来看，是打造一切超级 IP 的根本。

案例 7

美国好莱坞被看作是全世界影视 IP 开发的典范，整个模式已经完全趋于理性，十分成熟和规范。好莱坞 IP 运营的每一步都是按照非常成熟的商业化模式进行，IP 开发的全盘设计全部由制片人和制片人团队完成。在大多数国家和地区，这一环节通常由以导演为中心的团队完成。在好莱坞，制片人掌握好莱坞工业链条总开关，从剧本挑选、项目组搭建，到明星的打造、选用和形象出现，再到每一部场景展示，制片人对每一个细节都要进行控制。

（2）第二个阶段：IP商业定位

即针对IP对应的人群特征，开发相应的价值观、世界观、故事设计、艺术风格和流行元素等，为媒介互动设计做好准备。在这一阶段，观众是最核心的维度。通俗点说就是：对什么人说什么话，怎么从目标人群身上赚到钱。

另外，通过对IP进行全方位的分析可尽量减少风险。需要分析的通常有：受众是谁，受众有多大，受众背景是什么，他们想要什么，怎么触及他们，怎么让他们买单，他们的消费能力有多强。一旦商业定位清楚了，该投资多少、能有多少回报便会基本有个范围。

现在国内很多所谓的IP之所以未实现预想中的价值，主要就是因为缺少商业定位。

案例 8

目前，在动漫IP运营领域基本没有什么严谨的商业化规划。比如大量的二次元定位动漫，其人群受众量非常小，人群消费能力更是有限，而能赚钱才是奇迹。比如《魁拔》的动画电影拍了三部，花了很大力气设定了一个晦涩的世界观，非常酷炫但只有成人才能看懂。然而主角却是一个12岁的二次元造型，希望能吸引二次元人群。结果是成人一看海报就没兴趣，进了影院的初中生和小学生又难以看懂。

其实很多人都知道定位的重要性，只不过实际执行得不尽人意。这就需要一个强有力的执行团队，严格按照打造IP的商业定位进行思考，策划出与人群定位准确匹配的内容，由此才能设计美术风格、故事框架、音乐风格，以及多种媒介之间互动的形式等。

（3）第三个阶段：跨媒介互动设计

在IP的整个商业化运作过程中，开发前的设计、商业定位都非常重要，但只有这两项仍无法保证能够成为一个好IP。如从IP创意、定位的角度来说，《万万没想到》符合IP表层流行元素的要求，可谓把呈现形式做到了极致。但如果从一个超级IP的角度去判断，就会发现这个作品现阶段在普世元素、价值观的设计上比较欠缺，更多的是一个号召力强的品牌。

其实这几乎是网剧 IP 的一个通病，即因过于注重碎片化的搞笑而很难触及 IP 开发的核心。从长远来说，电影等多种媒介形式的开发可能会受限。因此，在 IP 开发前期还需要充分利用多种媒介对品牌进行宣传和打造，做好衍生品和商业化收入模式的前期规划，保证 IP 的长期衍生能力。新时代 IP 尤其需要具备超强的传播能力，并在社交媒体、移动游戏、短视频间进行互动，将内容（IP）产业链延伸至更多的商业变现途径。

不过值得注意的是，互动并不代表不同媒介内容需要高度重合，而是在不同媒介上做出自己创新的同时保留 IP 最核心的价值观。故事和形象很难在不同媒介上保持完全一致，IP 的价值观和精神却是无形且可以被保留的。

案例 9

在这点上，最成功的例子莫过于美剧《行尸走肉》的游戏授权。从 2012 年开始，《行尸走肉》和不同的游戏公司就合作授权了 20 多款手游和端游，其中 18 款 Metascore 评分都在 80 分以上。由它推出的《无人之地》又是四周下载量破 400 万，以及 IOS 上 80% 给出五颗星的评分，可谓专家评分、下载量和用户满意度都是业界的翘楚。

《行尸走肉》的 IP 持有者 AMC 和各游戏公司做到了最大的资源共享，并且不局限于双方内容的创意。当很多游戏都尝试着重复讲述、还原原作的情节时，AMC 则坚持不效仿重复原作，而是更希望用另一种方式去还原原作剧集的主题和氛围。这样，就赋予了游戏独立于剧集本身的生命力。

（4）第四个阶段：形成 IP 运营手册

IP 在创作和制片过程中会有很多环节，且每个环节的执行过程中操作者都有自己的想法。这时如果没有一个统一的执行手册，就很容易跑偏。尤其是在跨媒介运营阶段，由于各种媒介呈现形式的不同、表达方式的不同、被授权公司理念的不同，如果再没有一个严格的标准来规范，很多工作就会混乱，不仅无法多方合力推高一个IP，反而会把一个好IP毁掉。

因此，在运作过程中需要有一些相对可遵循的手册加以指引。对每一个IP进行全方位、全流程、多媒介商业定位和互动设计后，都可形成详细的IP运营手册。如IP运营的典范——迪士尼的IP授权部门非常庞大，有几百种授权的细分管理细则；在好莱坞电视剧制片现场，甚至会专门让某个助理背熟手册以全程负责提示手册细节。

通过IP运营手册管理每个环节，可以防止定位和内容的偏差。在初期内容制作进入正式制片操作流程后，即采用团队合作的流水线生产方式，按照故事梗概、视觉呈现、剧本原画、初步配音、建模、分镜、构图等不同工作性质分配资源，将IP的执行变为像工业生产线一般的制作流程。IP手册从普通的故事梗概、人物小传、艺术设定到人群定位、世界观、价值观、所有科技和魔法原理，可以说具体到了一切可能覆盖的细节。

5.7 后期制作：爆款 IP 的终极拼图

一个爆款IP并非设计出来的，更多的是运营出来的。创作和设计IP，只是完成了商业化运作的第一步。一个有巨大商业价值的成功IP，并非一开始设计完美就可以了，而是需要长期维护和运营。这样才能发挥IP的价值，提高品牌的影响力和知名度。

一个IP的概念被成功设计出来之后，接下来最重要的一步就是对IP进行后期制作。后期的制作很关键。可以说，没有后期的制作和运营，就不会有今日、未来的成就。尤其对那些依靠IP来打造品牌的企业来说，更是如此。

因此，一个爆款IP的打造以及品牌的知名度，并不是单纯靠一个好的设计就可以了，还需要一套完整的运营流程。

后期制作，对品牌知名度和IP未来趋势而言是如此重要，专业要求使企业必须具备一个专业的 IP 运营团队，这个团队要时刻保持精力，从 IP 概念诞生开始就要时刻关注市场，关注热点，与品牌结合，打造出一套适合自己的爆款 IP 模式。

一个 IP 的形成，需要运营。那么在运营的过程中，如何才能打响品牌？这是一个自传播、自媒体时代，因此首先要从自身的平台运营品牌，进而扩散到更多的区域。

案例 10

AKB48 是来自日本的女子偶像天团，成立于 2005 年，共 133 名成员，年收入 10 亿美元。可以说在女子天团中，AKB48 是典型的成功 IP。

AKB48 有一套自我的核心运营模式：专用剧场，粉丝聚集；有剧场盘、初回盘和通常盘三类握手会可加强粉丝互动，在这些互动中单次平均票价 30 元；每年 6 月举行总选举，由粉丝购买投票券进行投票，单次平均票价 35 元，粉丝投票列出人气成员排名，名次决定未来运营资源分配。

AKB48 活动经历：每年平均发布 5 张专辑，截至 2014 年年底，总销量突破 3000 万；参演过 5 部电影和 6 部电视剧；举办了超过 50 场演唱会；推出了 18 档自制综艺；发行了 8 款游戏及相关书籍作品，包括 26 本写真集、6 本漫画、7 本学习参考书及 1 部网络作品；WONDA、味觉等多项广告代言等。这些活动让 AKB48 年收入达到约 10 亿美元。

很显然，AKB48 的成功来源于经纪公司在前期自我平台的运营。通过组织自制综艺节目、自制"选举"活动等，带动了 AKB48 这个团体的知名度和影响力，如图 5-8 所示。

中国 SNH48 作为 AKB48 海外首个姊妹团体，在 2012 年成立，分为 SNH48 Team SII、SNH48 Team NII、SNH48 Team HII、SNH48 Team X 四个队伍，共 86 位成员。

图 5-8　AKB48 百度贴吧

在上海，专门建立了 SNH48 星梦剧场，并且和 AKB48 一样在全国举办各类公演、握手会及总选举；SNH48 出道至 2014 年年底也已推出 10 张专辑、4 部纪录片、1 款手游、5 档自制综艺及多期杂志写真，后来还持续获得了成功。

在 SNH48 的 IP 运营和团队的发展过程中，从成员招募到成长推广再到唱片销售、演出、活动，基本都是通过自有平台、官网、App、百度贴吧、QQ 空间等渠道进行全程在线免费直播，并通过虚拟衍生品进行打赏、通过幕弹与粉丝交流。

正是利用这些自有平台的运营，女子天团的品牌和影响力才得以出现大范围的传播，走出更宽阔的天地。

5.8　资本运营：IP 越热，越烧钱

资本可简单地理解为金钱，是 IP 商业化过程中不可或缺的影响因素。可以说，一个爆款 IP 一定是建立在雄厚的资本基础上的。资本对 IP 概念的热捧，始于 2013 年手游产业的爆发。资金雄厚的大型企业将收购优质 IP 授权作为打造核心竞争力的关键一环，如提高产业进入门槛、加宽"护城河"，以便形成新的商业模式。

因此，已占先机的企业对推动 IP 保护不遗余力。毕竟这是一个

全球化竞争的产业，因而对版权保护提出了更高的要求。在多股力量的作用下，尽管手游是最难保护的创意产业，山寨的出现层出不穷，但 IP 授权的概念还是已深入人心。

案例 11

2014 年，资本市场游戏概念狂热，IP 价格随之暴涨。2015 年，尽管游戏产业整体依然稳步增长，但集中度进一步提升，产业转入冷静发展期，取而代之的是 IP 在影视剧的价值进一步凸显。2015 年，中国电影票房突破 400 亿元，不仅由热门网络小说改编的电影占据票房排行榜，当红综艺节目 IP 电影也都尝到了甜头，尽管大多口碑一般，但票房高企。以《奔跑吧，兄弟》为例，这一小制作电影票房就超过了 4.3 亿元，让投资方赚得盆满钵满。

在 IP 的整个运营过程中，资本的作用主要表现在以下三个阶段。

（1）版权引进阶段

现如今 IP 版权之争就是在烧钱，一个 IP 即使不能保证最终的成功，大家也依旧争红了眼。CP（内容供应商）在抢，发行商也在拿，还少不了大大小小的广告商、开发商。IP 作为一座连接 CP 与产品的桥梁，越来越被各方所重视。

案例 12

2009 年刘慈欣卖出《三体》版权时不过 10 万元，2011 年、2012 年小说 IP 的最高价也不过几百万元。事隔两三年，据说《迷雾围城》的版权续约费高达 1200 万 / 年；江南也曾透露过，一个电视剧 IP 的版权费就接近 1 亿元。

再看《十万个冷笑话》最初只是几页并不精美的漫画，稿费不过百元；改编成小动画后，一集高达 8 万元；受到广告主的认可后，价值升至 50 万元；后通过众筹 500 万元拍成了电影，再加 500 万元的推广宣发，价值升至 1000 万元，最终成为票房 1.2 亿元的爆款 IP，如图 5-9 所示。

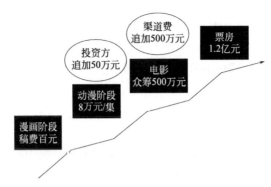

图5-9 《十万个冷笑话》资本投入增长示意图

尽管这个数据比起那些动辄投资1个亿、票房数亿的爆款大热IP还差很远，但对于一个普通漫画，投资只有几百万元的小项目来讲已经是非常大的成功了。

无论是CP还是发行商，既然参与了IP的版权之争就意味着需要投入大量的资金，而其中就包括对未来宣传渠道的投资。如果只是拥有版权，而无力在渠道上给予相应的财力支持，就意味着很难全方位地开放该IP的价值；退一步讲，IP授权方也不会授权给一个没有任何宣传资源的CP、发行商或开发商。

（2）中期打造阶段

拥有IP版权后，还需要进一步打磨，才可能具有成为爆款IP的潜力。这就像一颗钻石，最初可能只是一块石头，但经过打磨之后就可永久传承。在IP的打造阶段，同样需要投入大量的资金。

如已成为最近几年经典国产动漫剧的《熊出没》，制作方的投入也是非常大的。据一直在做这部剧的华强方特（深圳）动漫有限公司相关负责人介绍，《熊出没》一集13分钟，1分钟的制作成本在4万元左右，按照已经播放的500多集计算，这个投入是非常庞大的，但庆幸的是经过数年的积累，这些投入已经成功变现。

当然，在这个阶段资本已经不是最主要的决定性因素。有很多好的IP尽管投入很低，但在其他环节把控得较好，同样也可以实现高价值。

案例 13

最典型的是开心麻花推出的喜剧电影《夏洛特烦恼》，14 亿元的高票房使之成为 2015 年度最耀眼的黑马。这部剧中没有大投资、大明星、大导演，这样一个"三无"影片依靠的是良好的内容、精湛的演技和大众的口碑，因而开创了一条"小成本大 IP"的电影之路。

现在，IP 正处于由最初的狂热期向理性期转变。随着泡沫的进一步破灭，IP 热将会回归理性、回归内容、回归价值。这时资本的追逐游戏将会越来越少，在这方面的投入也会越来越小。可以预见，以小成本做大 IP 将是未来的大趋势，可以成功地开创一个 IP 运作的新思路。

（3）后期宣传阶段

很多 CP、开发商或发行商为了进一步扩大 IP 的效应，不仅不惜血本高价购买 IP 版权，而且还通过各种渠道进行热火朝天的宣传，为正式上市预热。有的公司甚至进行一场场资本的角逐，展开烧钱行动。

案例 14

《花千骨》和《琅琊榜》这两部影视剧有太多值得对比的地方。首先都是由大热 IP 改编，都引爆了收视狂潮，也都改编成了游戏，而且两款游戏都直接签下主演代言，以影视剧中的形象出现；同时在游戏产品推出和影视剧播出的时间段里，相互交叉互动传播，其他主演也参与其中。

但同为影视剧互动产物的《琅琊榜》手游，却没能接棒《花千骨》霸榜的成绩。进入 App Store TOP10 的位置后不久，很快就开始下降，并滑落至无影无踪了。

其原因在于广告效应的差距，尽管在视频网站上看《琅琊榜》这部剧时也会有手游的广告出现，但相较于《花千骨》广告大刀阔斧不吝成本的大手笔推广则显得过于保守。

《花千骨》的电视剧与游戏不再是割裂的个体，无论是制作还是推广层面，都真正成了一个有机的整体。另外，包括赵丽颖的女主形象植入，以及高度还原电视剧情节的副本都已经打动了玩家。

在资本的推动下，时间和经验反而成了最容易被忽略的因素。资本追逐IP，背后的驱动力是希望IP快速兑现利益，因而留给创作的时间少之又少。电影变得与其他没有太多文化属性的产品一样，重要的不是艺术标准，而是怎么卖以及能够在哪几种渠道上卖。这里就暴露出"IP电影"盛行当下的一个问题，即国产电影原创力的匮乏。传统的编剧和导演们正在苦恼抓不住观众的喜好，于是踏着脚印前行成为保险的做法。当我们再次审视过去三年里大导演的失利和新导演的成功时，会发现是否拥有IP已成为决定票房成败的重要因素之一。例如，《小时代》《致我们终将逝去的青春》《爸爸去哪儿》都发源于电影之外的其他媒介。

尽管谈钱很俗，但毕竟是大家真正关心的，所以不得不说。日益高涨的IP授权费已经成了很多CP、发行商或开发商等投资者，尤其是中小投资者难以承受的负担。

不过，资本对于IP来讲也是把双刃剑。它在IP形成的过程中扮演着推波助澜的角色，虽有贡献但也会因为短期商业诉求而操之过急，白白浪费了好IP。从资本角度来看，追逐IP是控制风险的正确行为。尤其在电影越来越讲求视觉效果、成本越来越高的大趋势下，更是如此。但这种追逐也导致我们看到的电影类型越来越单调，那些细节动人、总是给人以不同感受的电影已越来越少。很多大IP电视剧，像《云中歌》《华胥引》《大漠谣》《秦时明月》等也只能算是收获平平，还远未达到预期效果。

第6章

粉丝：IP 与粉丝经济学

在互联网、移动互联网时代，粉丝已成为一种非常重要的资源。可以说，只要拥有庞大的粉丝群，变现就会容易得多。而一个好的 IP 在创作、商业化运作、宣传以及后期反馈中，粉丝都起着重要作用。

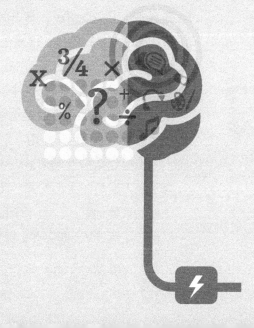

6.1 积极与粉丝互动，增强粉丝黏性

在当前这个互联网、移动互联网时代，粉丝已经成为一个IP走向市场不可缺少的一部分。如果将IP当作一个产品来进行商业化运作，则更需要大量粉丝的支撑。一个IP粉丝数量的多少，直接关系到未来的变现价值。这是因为，很多超级IP都是在粉丝的支持下发展起来的。

如郭敬明的电影、罗永浩的锤子手机、赫畅的煎饼、雕爷的牛腩、罗振宇的月饼、青龙老贼的自媒体、李善友的公开课……这些成功IP的背后与强大的粉丝效应不无关系。可以说，他们将粉丝的力量发挥到了极致。

事实证明，有忠诚粉丝的品牌、产品都很容易在市场中站稳脚跟，并引发绝大多数消费者的情感共鸣。而对于很多操纵IP的经纪公司、文化公司来说，已经从最初流量的争夺转向了用户黏性的争夺。作为一名合格的IP投资方，要清晰地意识到这一点。而且现在的粉丝早已经不满足于只看偶像美照，还需要和偶像更加深入的互动。

例如《花千骨》在正式播出之前，就已经爆出了片花。宣传片片花曝光后，脑洞大开的网友们便开始"恶搞"。然而正是因为粉丝的主动参与，才使得《花千骨》的片方直接提供了高清片花的下载，任由粉丝们"自由发挥"主动"恶搞"。

随后在互联网上，粉丝网友们开始传播各种《花千骨》的片花，甚至还有很多泰语版、韩语版等搞笑版本。这些版本在微博、论坛、朋友圈中被疯狂传播，形成了UGC式病毒传播。

在与多种渠道的互动中，《花千骨》的粉丝自然而然地参与了整合、参与了互动。而在这个基础上，受益最大的自然是《花千骨》，该剧通过粉丝得到更大范围的传播，如图6-1所示为花千骨粉丝在传播过程中的角色和作用。

积极创新的互动形式，吸引了更多的年轻粉丝。如直播正在成为年轻人新型的生活方式，而很多直播平台也成了"90后""95后"一代的聚集地之一。为了争取这部分粉丝，一些IP开始寻求与直播平台如斗鱼TV、熊猫TV等的合作，进行跨界直播。

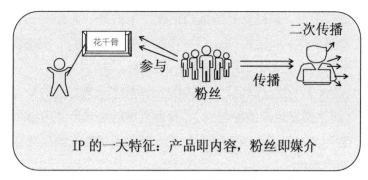

图6-1 花干骨粉丝在传播过程中的角色和作用

　　这样的网剧营销新形式，实现了网友与剧中演员的零距离互动。团队安排媒体通过采访导演和演员们，将幕后大家感兴趣的槽点抛给网友。之后网友发起热议，基本上都是这些直播产生的新槽点。

　　后期的二次传播，则放在了A站、B站上。利用其强大的引导性优势，一方面可以传播粉丝自发剪辑的优质片花，另一方面可以让粉丝尽情交流观剧感受，因而符合这个年龄层粉丝的心理诉求。

　　另外，营销团队还根据QQ群中粉丝反馈的内容进行二次生产，并根据不同平台的特性进行加工，然后第一时间放到微博、豆瓣小组或贴吧里，从而会有新的UGC出来，这对维持热度很有帮助。很多创意来自那些秘密的粉丝群，群众的智慧和创意有时候确实不完善、缺乏逻辑，但真的很鲜活，也真的能打动用户本身。

　　为了塑造一个强大的IP，《太子妃升职记》的团队和营销团队几乎是24小时无休地努力，不断地去发现话题点并迅速放大。难怪太子妃的监制甘薇接受采访时说，"如果我给《太子妃》打9分，那么剧本身的品牌和营销各占4.5分"，确实是煞费苦心。

　　追热点是社会化营销的不二法宝，因此多维度营销、多角度与热点结合以形成爆炸式传播才是打造现象级IP的关键。如《太子妃升职记》营销团队在宣传这部剧时，便积极与外部热点媒体合作。联合网易360度全方位曝光，与echo回声打造最新主题曲，网易LOFTER专题报道，携手游谱旅行举办互动活动，还开始与护舒宝进行跨界合作等。这样一个多维度营销联合（多处刷脸）就形成了，并在粉丝群体中催生出轰动效应。

另外，该团队还继续与话题营销的第一平台——新浪微博进行深度合作：一同为"90后"开启"网剧疯神榜"，实现官微共推，进一步提高《太子妃升职记》的关注度。

《太子妃升职记》的官微随后举行了一场好玩的金戈杯对诗大赛（再次激发用户的参与感），众网友纷纷展现出"污出才华，污出诗意"的本领，有的"95后"表示从没玩过这么值得把答案偷偷码起来的游戏。

这里最大的法则是：不要把时间浪费在无谓的规划上，毕竟用户的想法不是一个品牌或者监制就能控制的。换句话说，只要随着大众狂欢的方向，找到有潜力的点，加一把"火"就好了，根本不需要去控制！这个看起来容易，但恰恰正是99%的品牌都学不会的地方。

6.2 体验至上，提前让粉丝参与进来

为达到吸引粉丝、增强粉丝黏性的目标，一个好的IP项目除了前期需要准备的及制作后期应尽量与粉丝互动外，还要在IP制作阶段提前让大众参与进来。

对很多人来说，自己参与过的东西永远是最好的，这无形中会激发他们内心的自豪感和优越感。目前很多企业已经开始流行参与性营销，即通过让消费者参与来带动销售。具体是在产品尚未上市前，企业就会邀请一部分忠诚的用户参与进来。

在打造粉丝方面，最成功的莫过于苹果公司。苹果是粉丝最多的IT企业，也是经营粉丝效果最好的企业。苹果公司的粉丝又称果粉，其忠诚度可以说是相当高的，每当有新品上市就会引发一轮轮抢购高潮，这也是苹果品牌成功的秘籍之一。

正因为有如此疯狂的一群人，苹果公司无论是企业品牌，还是旗下的iPhone、iPad等品牌才能够深入人心。

2016年9月7日，苹果公司推出iPhone7新一代产品。尽管外界对此评价褒贬不一，价格也偏高，但丝毫没有影响果粉的购买热情。还没正式上市，预订狂潮瞬间便挤爆了苹果官网，很多人宁愿通过各种渠道，以更高的价格先饱眼福，疯抢的画面也有点"惨不忍

睹"，如图 6-2 所示。

图 6-2　iPhone7 抢购现场（来源于视频截图）

据悉，iPhone7 在上市前四天的全球订单量已经是 iPhone6 同期销售的 4 倍，创造了苹果公司最好的预售业绩。

苹果的粉丝很有忠诚度，一些高端用户简直就是苹果控，只要苹果出来新品便必买。有的果粉甚至打算集齐苹果的所有产品，对于这些人而言苹果显然成了收藏品。苹果之所以受到果粉的如此追捧，原因有很多，如过硬的品质、完美的工艺设计与用户体验感等。除此之外，还与苹果公司营销工作做得十分到位有关。正是通过多种方式，才将粉丝的力量发挥到了极致。

粉丝能做的不仅仅是疯狂购买产品，更是进行义务宣传。细心的人会发现，苹果很少打广告，在互联网尤其少见；线下的路边候车厅广告较为多见，电视媒体偶尔也能见到。但绝大部分广告都是来自果粉们的口口相传，全球各地的粉丝自发创建了苹果论坛社区，以便相互交流使用心得和技巧。最早的苹果论坛现在已经颇具规模，有的甚至获得了不菲的投资；做技术开发的苹果粉则直接变成了开发者，成为苹果产业链上的一员。这些都对苹果的成功贡献颇大。

在国内，打造粉丝黏性的"高手"是小米公司。据说，小米每研发一款新手机，在研发阶段、设计制作阶段、定价阶段都会通过一定的途径来吸收一批米粉参与。

他们的意见、建议不但能使手机设计得更合理、美观，还能体现用户需求，最重要的是为后期的营销打下了坚实的基础。这些曾经参与新产品讨论的米粉们，以及在他们带动下参与的其他粉丝，将是最大的消费群体，因此才有了一款新品刚刚上市就被抢购一空的神奇景象。

同理，一个IP在构思、制作阶段也可以动员一部分粉丝参与进来，让他们群策群力，贡献自己的力量。

案例 1

《太子妃升职记》在拍摄时就采用了这种方法。这个号称最穷的剧组，没有钱投资昂贵的拍摄设备，只能采用原始的方法向粉丝求助。具体方式是剧组人员会定期在微博上发起某个话题，如灯光、背景、服饰等，然后带动网友粉丝参与讨论，献计献策。

在这场全面讨论中，很多网友的意见十分具有创新性、建设性。如"鼓风机""淘宝服装"等就提得非常好，剧组采纳后也一度成为这部剧的亮点，引来不少观众的好评。图6-3所示为网友对剧中使用鼓风机带来"刮风"效果的赞美之词。

图6-3 《太子妃升职记》与粉丝的互动

通过这样的方式，剧组中的很多问题都得到了解决。据统计，制作方先后发布了各种极具争议性的话题，包括跌宕起伏的无厘头情节；集 BL、GL、BG、重口味、穿越猛料于一体的神剧；雌雄同体、纵横古今，人物复杂；纯爱、宫斗、腐、反差萌、性别转换等。一共准备了 300 多个槽点，在不同的阶段抛给网友，极大地提高了网友参与的积极性。

有些网友的意见甚至比原先的更好，如对原著中一些细节提出的改进意见获得了剧组的认可和采纳。于是剧组便尊重民意，放弃了之前一些预设的、所谓的忠于原著的情节。

《太子妃升职记》正是因为抓住了用户的心理，从用户的角度出发，做出引发用户热议的内容，并和用户进行互动，才在开播后迅速占领了用户的心智，最终成功升级爆款 IP。《太子妃升职记》用实际数据告诉大家：一个有感染力的好话题，再加上几千个极度热情的粉丝，层层传递就能缔造亿级曝光！这就是社交营销的魅力、社群的威力。

那么，如何能够使粉丝最大限度地参与呢？最有效的方式就是构建社群，社群是互联网时代最主要的一个特征。在互联网时代，每个人都或多或少地加入了各种网络社群，互推资源，钱情交易，成为社群经济中的一分子。因此在打造 IP 粉丝体验性时，不要忘记打造属于自己的社群。

万能的大熊——一个自媒体，其微博粉丝超过百万，如图 6-4 所示，在微信公众号上的粉丝数量也非常惊人。万能的大熊在微博和微信有了价值之后便成了一个爆款 IP，推出了畅销书《格局逆袭》，上市仅三个月，销售额就突破 5 万元，版权还被成功输入韩国。

万能的大熊是如何做到的呢？事实上，这源于"万能的大熊"的大熊会。大熊会是万能的大熊创立的一个微营销社群，会员超过 5 千人，是国内最大的社会化营销社群组织。它致力于研究和引领微营销及其品牌营销的发展潮流，帮助更多人通过微信来打造自己的品牌和产品，以实现最低成本的创业，如图6-4所示。

图6-4 "万能的大熊"的大熊会微信社群

有了"万能的大熊"的大熊会社群的传播，不管是招募，还是谈论社群价值观，抑或是借助社群力量玩微博红包游戏，跟微商直播讲课等，大熊的微信号或者微博的粉丝都在快速上涨。而万能的大熊在IP方面的塑造，也更加有力量和影响力。

社群的重点在它的社交性，如果将社群拆分开来就很容易理解了：社群＝社交＋群体或社交平台＋社交方式。就像在人人网、微博、微信，或者其他任何一种社交工具上的群都是这样的行为，每个群背后都承载着一个平台。有了这种工具的搭建，并形成某种社交关系，才能称作社群。因此，构建社群的目的就是更好地进行传播。当你成为个人IP后，需要的就是铁杆社群成员帮助你进一步传播到更广阔的大众，这才是构建社群的真正意义所在。

IP的本质是粉丝经济，而有粉丝的地方就有口碑的传播，就有网络效应出现的可能。当然，网络效应需要有适合的产品表达方式。

例如，网游是网络效应相对比较好的 IP，参与的玩家越多，游戏世界的体验越活跃多样，就越能吸引更多的新玩家进入。从这个角度来推导，粉丝互动和 UGC 对 IP 的再衍生、再传播可能是 IP 内容网络效应的有效表达方式。

百度贴吧里的明星、电视剧、动漫二次元等相关主题吧，以及 Bilibili、小咖秀这样的产品都是 IP 内容利用网络效应实现自增长的阵地。这都是清晰地观察到了游戏用户的网络效应引起的游戏产业链上的价值迁移，从而做出的投资判断。

6.3 粉丝分享：扩大 IP 在市场的影响力

当整个经济模式进入分享经济时代之后，IP 营销也毫不例外地积极分享，因为分享才能共赢。合作、跨界、分享，是未来任何一种经济模式、营销模式必然的发展趋势。一个再好的 IP，如果不懂得分享、不懂得合作，那么随着时间的淡化，其价值也会慢慢黯淡陨落。换一种思路，如果能及时分享、主动传播，那么 IP 就可以被更多的大众所认识，从而产生更大的社会效益。

案例 2

大多数人所熟悉的《中国好声音》可谓是近几年兴起的，为数不多的顶级娱乐节目 IP。《中国好声音》最大的亮点不是强大的导师阵容，而是首次实现了朋友圈消息即时推送。朋友圈被称为粉丝的集中营，很多信息只要在朋友圈一发布，就能很快引发疯狂传播。

《中国好声音》就是这样，不但能让原有粉丝进行疯狂分享和转发，还能让数亿计微信用户第一时间获知相关消息，培养起新的粉丝。图 6-5 所示为第 5 季《中国好声音》微信公众号官微上的信息。

图6-5 《中国好声音》微信公众号信息截图

与此同时，另一个人物IP黎明也非常注重与粉丝的分享。

案例 3

2016年5月初，黎明在中国香港举行了一场演唱会，并通过直播的形式与粉丝互动，获得了大批未到场粉丝的拥护。据香港媒体报道，黎明在中环海滨活动空间继续开演唱会，会上说："今天的演唱会本身在28号，有些朋友已返回澳洲、伦敦等地，无论大家去到哪里，多谢你们，我马上为大家准备。"因此，黎明在晚上10点特地为海外没能看到这次演唱会的歌迷作了现场直播4分钟，满足了广大歌迷的需求。10点他拿着手机自拍进行直播，获得了粉丝们的大力支持，结果一传十、十传百地传播开来。很多粉丝听说自己的偶像在直播演唱会，纷纷打开视频互动。据统计，最高峰逾5.3万观众一齐收看，片段累积播放人次更达16万。

上述两个案例说明，粉丝分享对 IP 传播的促进作用非常明显。即只有服务好粉丝，给粉丝带来更好的体验，让他们自动自觉地去分享、去传播，IP 才能获得更好的社会效益和经济效益。

那么，如何才能激活粉丝并促使他们主动去分享呢？具体可采用以下三种策略。

（1）知己知彼

这里的知己知彼主要讲的是要了解粉丝到底需要什么。一个 IP 无论是什么性质的，最终都是为了满足粉丝的需求。如果粉丝需要满足某项心理需求，就要做到随时随地与粉丝沟通，让 IP 成为与粉丝即时沟通的工具，延伸现有粉丝的服务体系，满足现有粉丝的心理需求，成为粉丝的咨询应答平台。如果粉丝需要获得某种信息，就要利用丰富的表达方式（文字、声音、视频等），友好地向粉丝传递 IP 的核心价值，或主旨内容、存在的意义及关怀活动，以增强粉丝黏性。如果粉丝需要对 IP 进行咨询，就要发挥其自动应答、即时回复等功能，解答潜在问题，向零散粉丝提供服务。总之，要尽量去满足粉丝合情合理的要求，从而与粉丝形成具有黏性的汇聚力。

（2）精益求精

我们知道 IP 更多的是一个弱媒体媒介，这就要求根据用户的属性分类来推送对应的信息。而在粉丝的维护上，要根据粉丝的属性（地域、爱好、穿衣尺码、身高、肤质、婚否等）来进行分类。例如用三星的手机就没必要给它推送 iPhone 手机壳，因为这类用户购买的可能性比较低。在用户咨询和提问时要及时给予回复，同时语气要亲切，切勿高高在上。这样才会让用户感受到这是一个人性化的账号，背后是活生生的个人，于是才会更有互动积极性，频繁互动间美誉度、口碑等自然而然也就形成了。

（3）善于创新

我们知道，粉丝对相对固定的内容都很容易产生审美疲劳。如果一个 IP 表达出的信息干巴巴的没有趣味，就很容易让粉丝厌烦并离去。这就要求我们在编辑每一条信息时、组织每一次活动时，做到出其不意、攻其不备、善于创新。尤其是要注意在实用的基础上兼顾趣味性原则，让粉丝觉得新奇有趣。

6.4　粉丝是 IP 变现的重要通道

　　IP 成了热门话题，IP 的变现也成了企业最关心的事情。于是很多人都认为，IP 之所以成为热门是因为有粉丝，而有粉丝就可以操作粉丝经济。事实上，你真正了解 IP 和粉丝的关系吗？千万不要以为，有了 IP 就一定会有粉丝。这两者之间是一种"数学"关系：IP 是粉丝的充分非必要条件，粉丝也是 IP 的充分非必要条件。

　　所以，IP 变现的另一个重要前提就是一定要有粉丝。IP 的内容好，粉丝才会多，也才能称为超级 IP 或者是爆款 IP，例如《三国演义》《海贼王》《变形金刚》等。因此拥有众多粉丝的 IP，变现就会相对容易些。如 TFBOYS 出一张专辑，会有成千上万的人去购买；TFBOYS 上某个卫视的跨年晚会，这个卫视在收视率上就会名列前茅，获得更多的流量指数。《爸爸去哪儿》出个手游，会有成千上万的人下载去玩；《爸爸去哪儿》拍个大电影，票房也会直线上升……

案例 4

　　提起阿狸，我们首先想到的是腾讯或者新浪微博中的个性化表情包。没错，它很萌，也很受人欢迎。事实上，阿狸是从绘本开始做起的，凭借着优质的内容和粉丝喜欢的设计，俘获了大量用户的心，从而也成了一个大 IP。

　　阿狸的成功，首先就在于它的设计。阿狸的粉丝群是年轻大学生和女白领阶层，你甚至不知道阿狸叫什么名字，但在看到第一眼时就会喜欢它、记住它。图 6-6 所示为阿狸官网截图。

图 6-6　阿狸官网截图

  阿狸在2009年以绘本形式出现，由于独特的人物形象，深受读者喜欢，每本销量都在百万以上，成为最畅销的绘本之一，俘虏了一大批粉丝。有了粉丝之后，阿狸便开始了一系列的衍生品生产和运作，如制作成表情包，并巧妙地运用于人人网、腾讯QQ等社交平台。

  紧接着各种阿狸表情包和输入法界面迅速占领了成千上万的电脑，这让阿狸的形象得到了良好的传播，以致无所不在。

  随着粉丝的增多，阿狸步入了顶级IP行列，并进行了很多商业化运作。不少大型企业纷纷前来与之合作，例如麦当劳、中国银行信用卡、德克士、屈臣氏等。在这些合作者中，麦当劳是最突出的一个，根据阿狸的形象发起了很多相关的营销活动，如图6-7所示。此后，阿狸也成功地从线上走到线下，最大限度地实现了价值变现。

图6-7　麦当劳与阿狸

  此外，阿狸还在动画片、电影方面积极筹备。因为阿狸已经成为超级IP，因此阿狸衍生出的产品、服务都会被粉丝所追捧。

  IP的价值被看重，除了代表着更保本的票房收入外，还在吸收和依赖IP所积累的读者群、粉丝群构成的基本市场。在这个基本市场上进行推广，有事半功倍的作用。它既是故事，也带有一定的营销价值、文学价值和商业价值。更重要的是在新时代里，IP的拥有者可以以小博大；拥有了IP就意味着掌握了更多的话语权，从而可以和市场博弈。IP容易拉投资、谈合作，甚至还能简化宣发途径。越来越多的人涌入了电影这个产业，而争抢IP成为他们进入行业最快捷的方法。

因此，只有拥有大量粉丝的 IP，才能在变现的道路上走得更顺畅。如果没有粉丝的支持，IP 固然产生、纵然很美，也不会在市场上获得认可，更不会获取真正的红利。

6.5 建立完善的粉丝反馈机制

粉丝本身代表着对 IP 的黏性，对树立 IP 形象、扩大 IP 影响力有着重要的推动作用。因而，粉丝常常被很多企业认为是一股潜力十足的力量，有了粉丝的支持就会使很多传播自动自觉地扩散出去。

但是，如果简单地认为只要拥有足够多的粉丝就万事大吉则大错特错了。粉丝的行为无论是主动性的，还是被动性的，都会有一定的盲目性、不牢固性和从众性。这些行为有时候反而会有损企业发展，影响到 IP 的传播。

案例 5

号称最强大的粉丝经济的拥有者——苹果公司，可以称得上是科技公司领域的一个超级 IP。经过长久的风吹雨打后，已经拥有了不少铁杆粉丝，但仍然不能保证其"牢固性"。

苹果公司于 2013 年 9 月份曾推出过一款产品 iPhone 5C，可这款产品上市后销量和评价都与预期的截然相反。原来 iPhone 5C 过于"Cheap"，在很多粉丝看来其外观过于寒酸，有碍使用苹果手机的身份（苹果一直走的是高端路线，果粉也是因它显身份而忠诚），如今推出一款低端手机就会令不少人接受不了。

iPhone 5C 的推出产生了更多的负面作用，不仅降低了品牌的定位，还削弱了不少铁杆粉丝的忠诚度。

全国最早的社交平台——开心网，也是粉丝"倒戈"下的不幸者。很多人一定还记得曾经风靡一时的"偷菜"游戏，它曾经迷倒了千万个年轻男女，吸引了不少忠诚的粉丝。很多人利用工作、上课的间隙，甚至深夜不睡、凌晨早起也要打开电脑，就是为了去偷那么一两棵"菜"。

一款偷菜游戏令开心网红极一时，聚集了大量的粉丝。可是这种现象并没有持续太久，一两年的时间就遭遇了粉丝的抛弃，开心网也日渐式微。

究其原因是这款游戏创新不够，后续新功能、新应用跟不上。其实，不仅仅是产品自身出现了问题，更重要的是粉丝产生了审美疲劳，从一开始的热捧到厌弃，根本就没有给出进一步优化和创新的时间。很多用户起早贪黑地"偷菜"只是图一时新鲜，一旦这种新鲜感消失，就会开始产生厌倦心理，弃之离去也是必然。

那么，粉丝为什么会出现这样的行为反差呢？因为粉丝的忠诚度很高，而忠诚度高就自然地会对企业、品牌的预期产生非常高的期望。一旦企业无法推出符合或者超过粉丝们预期的产品，就会让粉丝非常失望，而粉丝的失望对企业或品牌来讲就是坍塌性的灾难。

综上所述，粉丝这个群体其实并不稳固，何况还有很多伪粉丝充斥其中，从而带来很多不可预测性。所以，粉丝经济诚然会给 IP 制造一时风光，可花无百日艳，总有一日会枯萎。粉丝行为只有在进一步控制、约束或引导下，才能沿着正确的方向传播，也才能更有利于 IP 的发展，否则只会适得其反。

要想让粉丝这股力量持续不断地为 IP 服务，并形成一个良性循环，就需要在运营人员内部建立一个科学、完善的粉丝反馈机制，以便及时掌握粉丝的行为，并进行观察、分析和监督。

第

7

章

变现：IP变现的6种模式

  一个好的IP不但要在短时间内聚集大批粉丝，创造社会效益，还必须具有变现能力，即赢利性。如果一个IP不能变现，不能形成支付的临门一脚，不能形成支付转化很好的ROI，那么我们就称之为劣质IP或垃圾IP。

7.1 IP 是商品，重在具有变现的价值

随着 IP 的逐步商业化，能否变现且变现的空间有多大已经成为衡量一个 IP 潜力大小的重要标准，更成为经纪公司、文化公司、投资机构是否决定对其进行运作的关键指标。IP 是一个商品，商品的本质就是要赢利，或者说要有赢利的潜力。正如大家谈论的粉丝现象，粉丝本是一种很普通的社会现象，但自从与商业挂钩后就成为竞相追逐的对象。因为无论它炒得多么火热，最终的落脚点都是效益，这就是粉丝经济产生的原因。米粉、煤友……都是一群可创造价值的粉丝团体，因而成为各大粉丝团体中的佼佼者。

其实 IP 最初也是一种社会现象，但现在已逐步商业化。一旦与商业挂钩就说明不能单纯地追求数量，还要追求质量，这样才能转化为价值的能力。如一部爆款 IP 电影之所以会受到热捧，就是因为它具有票房保证。

不具有变现能力的 IP 是毫无意义的，即使各环节都很好，只要经不起市场的推敲就是失败的。

在爆款 IP 游戏的基础上改编的大电影《魔兽》上映后，效果远远不及预期。国外电影厅和全球部分地区的观影人给出的评价，为这部玩家期待已久的《魔兽》电影蒙上了一层雾霾。2016 年 6 月 8 日在国内开始预售后，也不及一些大片的预售数据，可见凭着爆款 IP 的光环也很难奏效。

尽管《魔兽世界》这一游戏 IP 拥有强大的群众基础（魔兽系列游戏自 1994 年推出以米历经 24 载，直到现在这个即时战略游戏鼻祖仍旧风靡全球，粉丝数量号称超过一亿），但改编成电影后很难有量化的标准。从估值角度来说，即便是能够转化，由于现在的《魔兽》电影受到了观影人群的一致差评，因而很难保证前期的口碑能继续发酵，也就势必会影响后期的票房成绩，甚至严重挤压 IP 本身的价值，导致潜在游戏用户的流失。

《魔兽》大电影与游戏之间的反差，说明 IP 的魅力并不仅仅是其附带的流量效应，更多的是存在于其产业的拓展能力。只有具备一流的拓展性才能具有表现的价值，而这个拓展能力一方面是由 IP 的

内容所决定的，另一方面是由转化时的一些运作所决定的，很难一概而论。

IP 的拓展能力是变现的基础。在对 IP 进行变现时，具体可分为三个方向：一个是横向，即跨行业的辐射能力；另一个是纵向，即对 IP 价值的潜力进行深度挖掘；最后一个则是综合方向，即根据 IP 的需要进行跨界和组合，实现 IP 价值的外延和重组。

这种模式又可称为 T 模式，如图 7-1 所示。

图 7-1　T 模式

图中的"T"横线表示宽度，即一个 IP 自身的沉淀和积累，在自有资源的基础上进行开发和挖掘的能力。"T"的竖线表示深度，即基于各种合作资源而需要形成一种优势互补的关系，并非仅仅基于产品功能上的互补，而是要建立资源共享和互补。只有这样的互补和分享，才能让 IP 的价值外溢。

（1）横向衍生

即以源 IP 作为核心，借其势辐射周边产业，做周边产品，从而形成类似于线状的产业链，如图 7-2 所示。

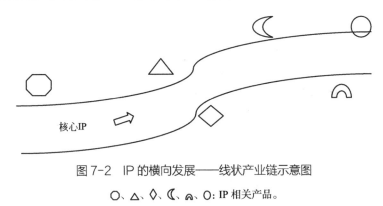

图 7-2　IP 的横向发展——线状产业链示意图

○、△、◇、☽、⌢、○：IP 相关产品。

如《生化危机》《复仇者联盟》等 IP 电影连续拍摄了多部，推出了系列作品。IP 的纵深拓展可以充分挖掘其潜在价值，并延长其寿命。

而此时依托于 IP 的周边商品，才能够形成一种文化输出性的消费。

（2）纵向挖掘

IP 横向拓展做衍生品，已是路人皆知的模式，在行业内竞争比较激烈，风险也更大。在这种情况下，如果仍想保持长久的生命力，就要通过纵向辐射，围绕核心 IP 进行纵深价值的挖掘。其发展模式如图 7-3 所示。

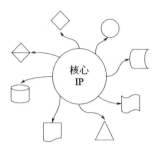

图 7-3　IP 的纵向发展——辐射性产业链示意图

◻、▱、◿、◇、○、◇、◻、△：IP 的衍生品。

迪士尼模式就是这样，围绕迪士尼这个大 IP 开发出服装、玩具、游乐场、游戏等衍生品，并通过这些 IP 周边产品形成价值壁垒，最终构建了一个以迪士尼乐园为形式的泛 IP 娱乐产业。

（3）重组和外延

重组和外延是为了提升 IP 的附加值。IP 本身的价值是单一的，或者说是有限的，但通过联合重组，外延就能提升其价值。

任意两个或多个相互独立的 IP 进行重组和外延，可以大致形成 5 种关系：①所示 A、B 为完全重叠关系；②、③所示 A、B 为真包含关系（双方互包含，视为两种）；④所示 A、B 为交叉关系；⑤所示 A、B 为全异关系。用图解演示，如图 7-4 所示。

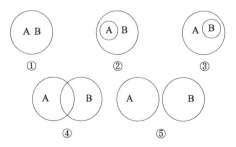

图 7-4　IP 的价值重组和外延关系示意图

比如，腾讯与《哆啦A梦》的联合。腾讯的企鹅形象与哆啦A梦放在一起，会让人产生一种错觉。如果没有相关背景加以识别，则很难判断企鹅是不是哆啦A梦众多系列故事中的一个角色。显然，这是非常稳定的元素融合。

经过组合IP元素会成为另一个品牌或产品的参与者，从而产生新的价值，并在价值中产生溢价。在如今的IP运作中，这是绝大多数运营商都会忽略的。然而，这也恰恰是IP价值真正得以体现的一种方法。

IP不是一次性消耗品，而是一种可以重复利用、拥有多元扩张边界的可持续经营的模式。对于现在的IP或许不是估值过高，而是投资者的想象力太低。正如橡皮泥一样，可以变换为千百种模样，但一切都需要发挥想象力才能实现。

7.2 IP变现模式1：横向发展，开发相关产品

从商业发展的角度来讲，主要有横向发展和纵向发展两大战略。横向发展就是围绕一个点，形成统一的属性集群。如某行业按照横向战略发展，就形成了一个产业集群，各企业性质一样，生产的产品类似，目标消费群体相近，是相互竞争的关系；如某企业按照横向战略发展，则是围绕主产品去做衍生品，形成一个产品集群，或叫单品系列化。

为了更好地理解横向发展战略，可以先看一个企业界的实例——小米。小米公司为了满足用户需求，在产品发展上走的就是横向发展战略，即让产品多样化、丰富化，以满足消费者的多种需求。现在小米产品已从单品手机逐步延伸到多个品类，如净化器、电视、路由器、智能硬件等，形成了一个完美的产品线链条，如图7-5所示。

图7-5　小米产品线的横向发展战略

在运营 IP 时，很多运营商也引进了这样的思路。如现在市场上火爆的影视剧 IP，其实都出自同一家公司。这就是所谓的 IP 扎堆现象，即优质的 IP 资源往往掌握在少数几家运营商手中。这也从侧面反映出，很多企业、文化公司在做 IP 时采取的都是多元化发展，尽量完善自己的品种，以数量为基础打造优质 IP。

例如，一个企业手握 100 部影视 IP 版权，只要将 10 部精心打造成为爆款 IP 就可以实现赢利；而另一个企业只有 10 部影视 IP 版权，即使成功率在 50% 也很难超过前者。在 IP 市场上，目前的发展战略还是必须靠量取胜，即先大量地囤积，等时机成熟再进一步开发。不过这也需要大量的资金、技术作保证，IP 行业的烧钱战争便由此开始。

有些 IP 之所以无法持久地吸引用户，就是因为品种太单一，且没有将单一产品做成爆品。做单品爆款要求比较高，需要做细做精，尽管这是一种不错的产品策略，但只适合少数精英企业。所以，对于大部分企业来讲仍是"多即是好"，要能给消费者提供更好的体验、更多的选择。目前，无论是市场原因还是消费者的人为原因，企业在产品策略上都在寻求多样化，这是个大趋势。

在这种背景下，做 IP 必须以延长产品生产线、开发同类产品、走多元化路线为主才能实现赢利。

案例 1

最典型的就是《星球大战 8》，2017 年是好莱坞殿堂级 IP "星球大战" 诞生 40 周年纪念。因此，这部耗资超过 2 亿美元的《星球大战 8》，一举一动都牵动着全球星战迷的心。作为好莱坞巨片阵列中的收官之作，此片实景拍摄的效率相当之高，为了能够让场景达到真实的效果，在后期制作中也颇下了翻功夫，用时良久。尽管如今的星战新系列早已让乔治·卢卡斯爷爷退居三线，但大获成功的《星战 7》无疑为该系列打上了一剂强心针。

《星球大战 8》的故事将承接第七部，前一部横空出世的清新萌妹蕾伊将在天行者卢克的栽培下成为一名真正的绝地武士，而露出黑暗本质的凯洛·伦则将和蕾伊展开终极 PK。此片可将全球几代影迷一网打尽的辐射力，足以让它成为年度巨片之王。

《正义联盟》是一部群雄集体摆造型的电影，也是一个依靠延长 IP 生命线来实现变现的典型例子。作为华纳 DC 漫画英雄的集大成者，华纳 DC 漫画本身就是个经典 IP，具有很多优势，还自带众多粉丝。上市后势必会成为继《复仇者联盟》《美国队长 3》之后，又一个使大多数影迷为之倾倒的超级电影 IP。

《正义联盟》讲述的又是一个除暴安良保卫地球的故事，但它的真正看点在于你将同时领略神奇女侠的长腿、蝙蝠侠的胸肌、超人的翘臀、海王的卷毛、钢骨的健臂以及闪电侠的紧身衣。这是 DC 漫画版图的首次全景展示，更是一次超级英雄健身成果的卖力比拼。

7.3 IP 变现模式 2：纵向发展，做 IP 衍生品

纵向发展作为一种商业发展战略，与横向发展战略相对。如果说横向发展是呈分散性、线状，即没有一个中心点，基本上是沿着一条平行线发展的，那么纵向发展就是围绕一个点，向四周扩散性发展的，且相互之间可能有很多交叉。

以华为手机为例，华为手机在国产手机中算是影响力较大的，每年的销量都排位靠前。分为华为、荣耀两大品牌，华为主要面向公开市场，荣耀主打线上市场，具备良好的性价比，两者互为补充。其中两大品牌又可分为多个系列，定位不同的性能水平、不同的消费群体，为求覆盖线上线下的所有消费人群。

华为产品线的纵向发展策略具体如图 7-6 所示。

其实，这就是一种纵向发展，主要做单品系列化，完善的系列，高、中、低完美覆盖，也算是华为手机热销的重要因素。

其实在运营 IP 时也可以采用这种思路，即围绕一个产品或服务进行深度挖掘做衍生品。如一个动画片火热之后，必定会带动周边产品，像鼠标垫、马克杯、T 恤衫、手机壳等。有的人在出书之后，

还可以对书继续进行衍生，如拍摄成电影、电视剧等。如一部分电影 IP，为了增加赢利点、扩大赢利面，运营商会开发相应的游戏、改编成电视剧等。

华为品牌

◎P系列：主打时尚与拍照，定位高端，多为年轻消费者旗舰机。
◎Mate系列：主打商务旗舰，定位高端，多为高端商务人群。
◎Nova系列：定位中端主流，主打线下市场，主打注重颜值、拍照的年轻消费群体。
◎畅享系列：华为品牌相对比较新的系列，定位中低端，主打千元机市场。
◎G系列/麦芒系列：主打运营商，相当于运营商定制机，适合结合运营商优惠套餐销售。

荣耀品牌

◎V系列：主打拍照，高颜值，部分机型加入了VR支持。
◎荣耀系列：主打时尚，目前也多为主流以上旗舰机，如荣耀8、荣耀7等。
◎Note系列：主打大屏，如荣耀Note8，适合大屏影音娱乐用户。
◎畅玩系列：主打千元市场，定位入门。

图 7-6　华为产品线的纵向发展策略

将 IP 衍生化，通过做周边衍生品会实现更大的价值。这点在文娱行业更甚，2015 年《熊出没》授权产品的消费额达到 25 亿元人民币；目前《猪猪侠》单个 IP 的市场价值已超过 15 亿元。可见，营收占比最高的还是衍生品，衍生品是 IP 打开市场、进行变现的有力武器。

有时一个 IP 的衍生品产生的价值往往大过源 IP，甚至超过数倍、数十倍。电影行业传统赢利模式正在发生着颠覆，"其核心不再仅仅是票房、现金流，而是关于 IP 纵深价值的提升、重塑和未来长时间的最大化"。

现在很多企业、文化机构在投资 IP 项目时，往往都是看中了其庞大的衍生品市场。

案例 2

　　衍界（北京）文化产业有限公司（简称"衍界"）是目前国内最大的衍生品设计、开发及销售公司之一，建有 IP 授权、产品设计、生产制造、铺货销售等整套成熟的运作体系。其公司旗下专注电影衍生品的平台"电影派"已设计、开发、销售包括《魔兽》《功夫熊猫》《超人大战蝙蝠侠》《复仇者联盟》《变形金刚》《精灵旅社》等一系列好莱坞爆款 IP 的衍生品。目前，衍界已与全国 90% 的影院建立密切联系，并与超过 2500 家影院形成战略合作关系。除"电影派"之外，衍界已落地以原创知识产权旅游形象为核心的"旅游派"，未来还将切入体育、明星、游戏等增值变现业务。

　　印纪传媒被认为手握一系列好莱坞"高概念 IP"，2016 年年底完成了对衍界的战略入股。而且，双方将在品牌授权代理、产品设计开发、渠道运营方面深度合作。此举被认为是传媒加码布局衍生品行业的信号，也就是说印记高调入股衍界正是看中了其 IP 衍生品生存制作的能力，两者的合作将会在 IP 立体变现和产业链价值最大化上迈出有力的一步。

　　可见，在 IP 变现模式的探索之路上，做衍生品是绝对不可忽视的。如果能将衍生品做成功，往往可以获得更大的利益。不过，目前我国的 IP 衍生品市场还是个空白，或者可以说停留在非常初级的阶段，很多 IP 的衍生品收入都可以忽略不计。做 IP 衍生品不只是玩具、玩偶那么简单的东西，还要围绕 IP 形象来支撑企业和工业体系的整体运营模式。

　　在美国，IP 衍生品已经发展得非常成熟，如超级电影 IP 衍生品的收入能占到电影总收入的 70%，甚至超出几倍。影视作品带给大众的体验感和愉悦感是单方面的，而衍生品带给大众的则是全方位、多场景的体验。因此，从大的价值衍生角度来看，做 IP 衍生品是一种非常重要的变现途径。

7.4 IP 变现模式 3：提供个性服务，提升附加值

在如今这个供大于求的市场中，社会商品严重过剩，各种服务基本被同质化磨灭得毫无特色。而消费者需求、市场需求却在不断地朝着个性化、多元化、私人化方向发展，这就使得供求失衡，即你生产的不是我需要的、我需要的你不生产，从而直接导致企业无法赢利。

因此，无论是做一个产品还是一项服务，都必须提升其附加值，以满足消费者和市场需求。手机市场竞争日益激烈，如果没有自己的特色就无法吸引消费者。在这种情况下，vivo 主动求变，曾与小黄人合作又玩了次娱乐营销。在小黄人风靡期间，vivo "趁热打铁"推出了定制版 vivo 小黄人手机，同时在线上线下销售，曾掀起了一阵小黄人热潮风浪，如图 7-7 所示。

图 7-7　vivo 搭载小黄人 IP 做限量定制手机

vivo 借助于好莱坞大片爆款 IP 的威力，巧妙地将自己的产品与之联系起来，并且走的是个性化定制、限量销售路线。这样更能激发人们的积极性，带动消费者追求的脚步。

通过定制化服务，不仅为品牌赋予了独特的元素，增强了受众对品牌的认知度，而且这种定制限量版产品与包装的方式也能满足受众的需求，成为人们消费的目标。另外，这能够在一定程度上将娱乐营销的隐形效果直接转化为销售数据。在此之前，很多数码科技产品或者品牌都很少采用这种营销方式。

这方面做得比较好的，还有迪士尼。迪士尼乐园在"迪士尼"这个品牌IP的衍生品上，通过独到的设计和环境氛围为用户提供了更好的感受。如设置与迪士尼人物形象有关的场景体验，让消费者通过现实场景去感受剧情、角色，如图7-8所示。

图7-8　迪士尼乐园的人物形象IP

营造这种场景，可以在很大程度上提升迪士尼人物的附加值，使它更容易走近消费者，满足消费者的内心需求。这种巧妙的场景服务，对迪士尼IP的衍生品销售非常重要。

从vivo与小黄人、迪士尼场景服务的案例来看，走个性化定制模式，对消费行为的转化有直接的驱动作用，也是一种非常重要的赢利方式。

7.5 IP 变现模式 4：与大企业、大品牌合作

有些 IP 通过与实体企业、品牌的合作实现了变现，如 2009 年电影《阿凡达》就曾火爆一时，成为票房收入最多的 IP 电影之一。除了高额的电影票房外，制作方还增加了它的赢利点，与餐饮巨头麦当劳合作，将影片中的人物形象做成了玩具，推出了以电影人物角色为原型的玩具：苏杰克、奈蒂莉、迅雷翼兽、灵鸟等，创造了非常好的社会效应和经济效应。尤其是受到儿童的积极追捧，很多孩子在麦当劳用餐的同时也会购买这样一款玩具。

除了与麦当劳合作外，可口可乐也是《阿凡达》的合作对象。《阿凡达》针对可口可乐启动了一个"阿凡达计划"，推出了"阿凡达"版的易拉罐可口可乐饮料、杯子，以及相关的礼品，同样受到了很多消费者的青睐。

类似的还有很多，如电影《小时代》与联想电脑的合作也是同样的思路。两者的合作——《小时代》"刺金时代"平板电脑产品俘虏了大量《小时代》粉丝和联想用户的心，如图 7-9 所示。

图 7-9 《小时代 3》同款联想 YOGA 刺金平板　　图 7-10 《天天酷跑》同款金枪小帅

热门移动游戏《天天酷跑》与周大福的合作，把黄金饰品与移动游戏连接起来，完美地阐述了"IP"共享。双方选择以"金枪小帅"这个特别受用户欢迎的 IP 形象入手（见图 7-10），组织"跑出你的黄金时刻"营销活动，直接吸引赛事报名用户就超过 300 万。这次开创的传统珠宝零售业与移动互联网游戏两大领域的合作先河不仅

赚足了热议话题，还有效地拉动了最终的销售业绩。

对于 IP 来讲，这是一种全新的变现模式：通过与实体企业、大品牌的合作，借助大品牌的影响力和粉丝群来实现价值外延。尽管这还不是一种成熟、稳定的模式，但不可否认其带动了非常大的产能价值及收益空间，因而是内容变现的最好途径。

值得注意的是，与大企业、人品牌合作的关键点在于寻求的合作方要有一定的市场号召力和较大的影响力，否则很难带动 IP 的口碑和传播。

7.6 IP 变现模式 5：与电商合作或自营网店

随着电子商务的发展，线上消费市场的扩大，很多 IP 将目光转移到了电商平台上，即通过与电商平台的合作或自营的方式实现赢利。如很多超级 IP 延伸的周边产品、衍生品、相关产品，会入驻淘宝、天猫、京东等平台以及一些专业性平台。

时光网作为国内最具影响力的电影媒体和服务平台，拥有国内数量最庞大的影迷群体。该平台会销售很多诸如蝙蝠侠、钢铁侠、美国队长、星球大战等超级电影 IP 的衍生品和相关商品，图 7-11 所示为《星球大战》中的角色凯洛·伦。

图 7-11　时光网商城中《星球大战》的衍生品销售

垂直电商平台打造全方位覆盖的动漫服饰和 Cosplay 服饰等衍生品销售通道。旗下天猫商城悠窝窝与美盛玩具旗舰店直销动漫服饰、COS 服饰及 COS 周边、星学院系列、迪士尼公主系列、马里奥系列等各种周边玩具、服饰、配饰。集动漫服饰及其他衍生品的设计与制作、电商运营于一体，充分挖掘 IP 价值。

随着电商巨头对衍生品业务的重视，这些店铺的流量会水涨船高，衍生品的电商生态也会很快"火"起来。

优质电影 IP 与电商的结合，不但给电商带来了粉丝流量，也给影迷带来了购买衍生品的多条渠道。这样的组合方式，能够快速实现一个优质 IP 的变现，从而让衍生品销售做得更大、更广。

7.1 IP 变现模式 6：多点出击，构建全产业链变现模式

当下 IP 市场大部分变现模式都较为单一，鲜有全方位开发的 IP 产业链。随着资金、技术、人才的逐步完善，一些实力较强的公司已经建立起立体化的变现渠道，多点出击布局全产业链 IP，让变现点越来越多、变现手段越来越丰富。

案例 3

瑛麒动漫、创幻科技、星梦工坊都是美盛文化旗下的子公司，它们是相对独立的，分别经营着不同的产品。

瑛麒动漫是国内主要的漫画分发平台之一，为儿童提供动画、儿童剧、儿童游戏及相关服务。它的运作主要有两条途径，第一条是通过合作，第二条是直接购买国内知名动画公司（包括央视动画、原创动力、宏梦卡通、中南卡通、青鸟动画等）的作品，以自由点播的形式提供给消费者来实现赢利。

创幻科技拥有内容型平台App"超次元"，可通过AR/VR技术提前布局AR、VR领域以迎接行业新趋势。该平台将二次元角色以三次元形象高度还原到现实世界，目前拥有注册用户40万，付费率超过70%，终端销售超过3000万元。公司在线上通过App及电商形式覆盖二次元用户群，在线下铺设各类动漫展、便利店、动漫衍生品门店及自动贩卖机，目前已覆盖全国23个省，业务延伸至新马泰地区。

星梦工坊是具有国际水准的专业文化演出机构，以3～14周岁儿童的家庭为目标消费群体，推出涵盖文化、娱乐、少儿教育等一站式家庭亲子文化娱乐的专业服务。当前阶段以儿童舞台剧（含音乐剧等）的制作、演出、衍生品的开发销售及儿童戏剧培训教育为核心业务，覆盖巡回演出、大型活动、嘉年华、主题乐园、Cosplay等。它推出的很多经典儿童剧已经在全国展开巡演。

美盛文化通过星梦工坊完善了演艺平台的建立，为公司自身核心IP提供了舞台剧等新的展示平台。其变现方式就属于一种立体化运营，可以摆脱以往单一的赢利模式。

因此，在资金、技术等允许的情况下，可向下拓展。这样一来，在与大企业、大品牌或电商合作等外部运作的基础上，就可以全线跟进，形成前端IP发掘、后端产业配合的独特竞争优势，从而实现产业前后、内外全产业链运作。

第
8
章

案例篇1：IP与文娱行业

　　在IP发展的初级阶段，绝大多数超级IP都集中在文娱领域，包括知名网络文学、经典游戏、歌曲、动漫等。尤其是影视行业异军突起，成为各界都关注的IP核心阵地。本章将重点阐述IP与文娱行业的关系，并结合实际案例进行分析，以辅助读者深入理解。

8.1 文娱 IP：玩 IP 必须搞懂文娱业

提到 IP，大家眼前呈现出的可能就是各种爆款游戏、影视大片。根据热门网络小说《鬼吹灯》改编的系列电影之《寻龙诀》于 2016 年 1 月上映后，凭借 16 亿元的票房领跑新年贺岁档；改编剧《花千骨》《琅琊榜》等不仅获得了高收视率和高点击量，衍生游戏也获得了不俗的下载量；在演出市场上，根据网络小说《玩命爱一个姑娘》改编的同名舞台剧正在火热开演……

聚焦 2016 年以来的娱乐、文化市场，IP 已经成为绕不过去的一个关键词。纵观种种抢夺 IP 的火爆大战，拥有爆款 IP 资源已经成为一种潮流。从内容来源到开发方式，从营销手段到产业模式，拥有、运用并打造 IP 已经成为当下颇为流行的一种行为，引发了一股 IP 热且愈演愈烈。

2017 年以文娱为主导的超级 IP 再次出现井喷现象，最典型的就是春节档国产大片，在内地市场的票房再创纪录。

IP 热俨然成了一种社会现象，最先在文化、娱乐业开始兴起，电影、电视剧、游戏、动漫中通过 IP 迅速走红的案例非常多。文娱本身就是一个走在前端的行业，在时尚嗅觉、发展趋势方面总能领先，再加上有良好的用户基础，所以很容易获得市场关注。

案例 1

《盗墓笔记》可以说是国内文娱圈内最大的一个 IP。提起《盗墓笔记》，恐怕没几个年轻人不知道。它几乎成了很多"90 后"的青春记忆，即便没看过小说也应该听说过。而改编成影片后，也牵动着不少稻米们的神经。正如作者兼编剧南派三叔所说（由原著作者南派三叔亲自操刀担任编剧），自己绝不会辜负书迷的十年陪伴。

不论最终的改编效果究竟如何，仅凭三叔的号召力也能俘获一大众粉丝的簇拥。

图 8-1 所示是电影《盗墓笔记》的评论日期、评论数量趋势图，自 8 月 5 日该影片公映以来便一直备受期待，8 月 6 日即次日的评论达到顶峰，8 月 17 日累计达到 42352 条（豆瓣影评数据）。

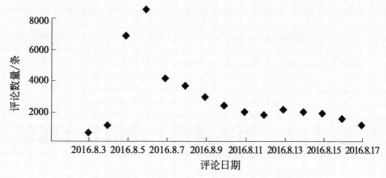

图 8-1　电影《盗墓笔记》评论趋势图

这部电影于 2016 年 8 月 5 日登陆全国各大影院，首周票房创历史新高，成为暑期档最快破 5 亿的影片；半个月后票房迈过 9 亿大关，毫无悬念地登顶 2016 年暑期档票房冠军。尽管它也带来不少热议，但一路披荆斩棘创造的各项纪录可谓风头一时无两。

影片票房的高涨折射出了人们对 IP 的关注，引发的连锁反应就是为热门游戏、热门图书、经典歌曲、话剧等赋予了 IP 的色彩。这些都有可能成为 IP 产业链上的一环，并成为资本关注的对象。

不仅国内 IP 如此火爆，国外也是如此。2016 年 6 月 8 日，由美国经典系列游戏《魔兽世界》改编的电影《魔兽》首映。首映日零点场电影院人潮澎湃，焦急等待的观众们轻声交谈着，眼中满是期待。观众早早地排上了队，一旦"放闸"就涌进影院……事实上，院方排片已经非常密集，几乎每 10 分钟就有一场，即使这样现场也是人满为患。

这部由经典网络游戏改编的电影，受到观众尤其是该款游戏玩家的广泛欢迎。国内市场早在上映之前，预售票就已超过 3000 万元；6 月 8 日首映午夜场票房超过 5540 万元，创下内地影史零点场票房冠军；上映 24 小时，票房破 4 亿元；截至 6 月 12 日 21 时，上映 4 天，票房突破 10 亿元，刷新了国内各项票房纪录。

该部电影不仅在国内取得了高票房，在全球市场也都有骄人的业绩。而据外媒报道，在第一轮上映的 20 个国家中勇夺 19 个票房冠军之后，在第二轮上映的 8 个国家中，包括英国、爱尔兰、巴西、西班牙、荷兰、土耳其、比利时等，当天便夺下票房头筹。

电影《魔兽》之所以如此成功，正是受益于其庞大的受众基础。十多年游戏积累下的粉丝基础，为电影票房提供了坚实的保障。我国是《魔兽世界》游戏最大的市场之一。据统计，中国的《魔兽》玩家约有 1000 万人，占到全球 1 亿个玩家的 10%，即 10 个玩家中就有 1 个来自中国。

8.2 影视 IP：势头虽猛，两极分化显现

在大多数人的印象中，一个 IP 就等于是影视 IP。这种认识是片面的，影视 IP 只是整个 IP 中的一个大分类，只不过风头正盛才给了人们一种错觉。毕竟，目前大多数顶级 IP 都是来自影视业。因此，IP 与影视 IP 有很多重合的地方，关系最为密切，发展轨迹也非常类似。而要想了解 IP，可先从影视 IP 入手。

IP（Intellectual Property，知识产权）兴盛于 2014 年，在互联网公司及资本强势进入影视行业的背景下，于 2015 年成为热词，被称作 IP 元年。有人统计过，在 2015 年的上海电视电影节上，IP 一词在嘉宾演讲中出现的频率超过三百次。也正是在 2015 年，IP 类电影的增长速度和规模双双创新高，增速高达 48.7%，总票房约 440 亿元。

"IP 电影"已成为电影圈最火的概念，以燎原之势攻占了五一档、国庆档、贺岁档等重要档期。放眼望去，"IP 电影"无处不在。那么，"IP 电影"到底是什么电影？简单来说，IP 就是知识产权，可以是一首歌、一部网络小说、一部广播剧、一台话剧，或是某个经典的人物形象；哪怕只是一个名字、一个短语，把它们改编成电影的影视版权，也可以称作"IP 电影"。其中，迪士尼便是运作 IP 的高手。自 1929 年米老鼠的形象出现后，通过角色授权，米老鼠和它的小伙伴们为迪士尼带来了源源不断的收入，其衍生品提供的收益远远超过电影本身。

2016 年热度不减，同样有大批 IP 影视剧正在路上，包括《诛仙》《幻城》等。尽管增长速度有所回落，但 457 亿元的总票房还是创造了新的高度。图 8-2 所示为 2012 ~ 2016 年我国电影增长率和总票房趋势图。

图 8-2　2012 ~ 2016 年电影增长率和总票房

数据来源于腾讯科技

图 8-2 中的两组数据明显地反映了影视 IP 的发展趋势，即总票房在上升，增长率却在急速下滑，未来将出现两极分化的现象。影视 IP 在经历了 2015 年、2016 年两年的迅猛期后，有些虚高，质量也良莠不齐。当然这并不是糟糕势头的开始，而是一个优胜劣汰的过程。优胜劣汰是每一个领域都有的规律，IP 的未来也必然是两极化。也就是说，只有超级影视 IP、爆款影视 IP 才更容易存活。

但超级、爆款影视 IP，国内目前还很少。所谓超级 IP 一是收视率要高，二是衍生价值要人，并且富有持久的生命周期，经过研发能创造出较高的市场价值。可以说，市场价值是判断超级 IP 的重要标准。

女作家坏蓝眼睛认为，所谓超级 IP，一定是体量大，世界观和人物设定独特，类型新颖，能够反映时代情绪的作品。"而且超级 IP 不是静态的文字，而是动态的发展过程。"她说，"它是从小众到大众到主流的过程，是从二次元到三次元的过程，是媒介运作和超级团队筛选的过程，不是简单一个作者能够完成的，需要专业团队的协作。"

　　总体来讲，现在很多影视IP的价值都被高估，存在一定的泡沫。不过，当这个泡沫破灭后，一定会出现回落并回归常态。因此，我们既不要盲目跟风，也不要过于悲观。我们应该做的是，基于IP价值本身进行深挖掘。目前优质IP的深挖掘还处于被低估的一个状态，而且随着IP市场的成熟，其需求量也在提高。影视行业本身就是个多方合作的行业，IP只是一个源头，优秀的内容才是撑起其真正价值的所在。

案例 2

　　改编自韩国超热电影《盲证》的《我是证人》，是一部由安尚勋执导，顾小白编剧，杨幂、鹿晗、王景春、朱亚文等主演的青春悬疑电影。该影片凭着优质的内容在粉丝间引发了热议，讲述的是一起谋杀案出现了两位证言不同的目击证人：一位是正义的女性盲人，另一位是风一样的滑轮少年，从水火不容到联合追缉凶手的惊险故事。

　　《我是证人》造就了"粉丝电影"，创造了一个爆款IP的影响力。那么，如何来实现这部电影的社会影响力呢？对影视作品来说，粉丝当然是最好的方式和渠道。

　　首先，《我是证人》借助于当红明星和"小鲜肉"杨幂与鹿晗的人气而变成了十足的"粉丝电影"。这种热度就带动了《我是证人》IP的时尚化、年轻化，让这些娱乐元素更接近年轻群体。

　　有了当红炸子鸡的加入，"粉丝电影"便诞生了，《我是证人》的IP影响力就可以继续下去，并且通过这种粉丝的力量成就了爆款IP的社会影响力。《我是证人》通过H5、新媒体等渠道与电影、粉丝产生高频的互动，因而为自身票房的带动增加了娱乐话题性和眼球效应，甚至还造就了当期众多电影中的优势。例如在微博中，《我是证人》还发起了 # 全民见证，我是证人 # 的微话题，如图8-3所示。在这个话题中，《我是证人》与粉丝紧密沟通，回报高票房，传递正能量。

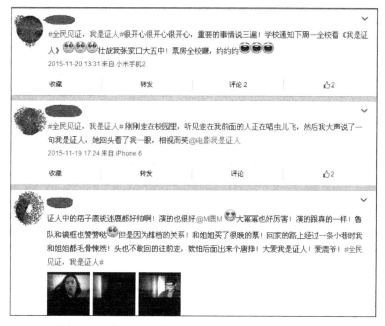

图 8-3 《我是证人》在微博中与粉丝互动话题 # 全民见证，我是证人 #

与此同时，《我是证人》还接连发起了大量微博长线话题，如 #你是我的眼 全城通缉不便利 #、# 首映礼 TCL 专场 #、# 邀您一起帮忙 # 等，都引发了很高的关注度。其中 # 邀您一起帮忙 # 微博长线话题高居当时微博话题榜首，也成为社会话题榜的一名。

TCL 联合打造的衍生品《我是你的眼》微电影也得到了人们的认同和好评。此外，以《我是证人》电影情节为基础巧妙地结合了 TCL 品牌及产品，制作出模仿剧中遮眼自拍照及悬疑类互动 H5，赢得了网友自发的互动及转载，使 H5 访问总量超过接近 50 万人次。

以上这些只是在线上取得的市场号召力，而在线下《我是证人》的爆款 IP 依然活跃不停。《我是证人》中因为涉及盲人，因此也策划了以盲人话题为切入点的线下活动以反映盲人群体的生活状况。活动还结合电影角色，将影片中的主角盲人路小星和聪聪的角色映射到了现实生活中知名盲人调音师陈燕和导盲犬珍妮的身上。

电影出品方 TCL 与《我是证人》一起举办了有史以来较为特殊的"盲人"听影会，邀请众多盲人协会的权威人士，包括盲人调音师陈燕以及很多盲人群体来《我是证人》首映礼前往万达影城免费听影，并与电影主创杨幂、鹿晗、朱亚文等明星进行近距离互动。

这种与盲人群体的互动，更是得到了媒体、粉丝、社会大众的高度关注。现场有20多家主流媒体深度报道，传播覆盖人次超过8000万。互动为《我是证人》这部电影的IP营销带来了更大的市场号召力，也为电影增添了几分内涵和深度。

8.3 手游IP：机遇和挑战并重

如今，手游是IP向下延伸发展的一个重要领域。随着移动互联网、智能设备的发展和大范围运用，很多互联网公司、游戏开发商都看到了手游的巨大赢利空间。为此，利用手中的IP资源大力开拓和挖掘，甚至与其他IP合作寻求改编。

2015年是IP元年，以IP为核心的改编手游获得了巨大成功；并经过2016年的飞速发展，逐渐成为手游市场上的主流产品。在过去两年，关于手游的新闻我们看到最多的就是某某手游厂商与某某漫画IP、某某影视IP等达成授权合作，将推出对应的衍生手游。

2016年年底，在湖南卫视钻石独播剧场热播的电视剧《兰陵王妃》，就是根据人气作家杨千紫创作的网络小说《兰陵皇妃》改编的。2013年正式开拍电视剧，由张含韵、彭冠英、陈奕等人气明星主演，一经播出收视率便连连飙升，揽获了千万粉丝。该小说人物描写细腻、剧情结构紧凑、感情纠葛动人，连载阶段就吸引了广大读者的目光。

在电视剧的拍摄阶段，指点游乐就花重金购下电视剧的手游改编权，并与电视剧制作方紧密交互，安排200余人的大团队，花费将近2年的时间以及超过1000万元的成本，成功打造出这款官方唯一正版授权，集优质画面、动人剧情与丰富玩法于一体的RPG手游大作，精良的品质使其在激烈的竞争中崭露头角。图8-4所示为游戏宣传语下载示意图。

作为一款IP手游，《兰陵王妃》推出的时间并不算早，但是凭借电视剧的人气延伸、精良的品质以及负责任的运营团队，硬是在手游市场的红海中杀出一条血路，成为2017年的开年巨作。

图 8-4 《兰陵王妃》手游官方宣传与下载示意图

可见，IP 为手游带来了新的发展机遇。这些都源于 IP 的优势，如用户贴合度高、可以持续导入用户、可以随时玩、可以达到传播 IP 的界限、存在着创作 IP 的空间等。具有影响力的 IP 往往流行性元素也很多，符合游戏用户的喜好特征。手游用户年轻化，因而对 IP 的接受能力和忠诚度很有潜力。

360 发布的手机游戏报告显示，2014 年中国移动游戏市场实际销售收入为 274.9 亿元人民币，同比增长 144.6%；而下载量排名前 100 的手机游戏，拥有 IP 的手游比例从一季度的 33% 猛升至四季度的 52%，IP 游戏的收入更是达到了普通游戏的 2 倍。可以说，IP 成了推动手游发展的重要力量。

网易 2015 年第一季度的财报显示，在线游戏服务收入取得了 31.04 亿元人民币的成绩，同比增长 44.0%，约占总营收的 80%。凭借着对同款 IP 的跨屏成功复盘和多领域 IP 布局，网易将其在端游时代的成功延续到了手游时代。图 8-5 所示为 2012 ～ 2016 年中国移动游戏市场规模趋势图。

与影视 IP 的整体趋势是一样的，收入上升，增长率却在逐年下降，且呈现出增长快、下降也快的特征。随着手游 IP 的火热，越来越多的厂商专注手游开发，导致手游市场趋于饱和，竞争愈加激烈，俨然已经杀成一片红海。目前手游 IP 市场也趋于饱和，出现过热现象。这使得很多正在建立的手游 IP 早早地被透支，在尚未占据用户心智之前就被"允诺"了极大的价值。大部分自制 IP 都有着时间层面的局限性，因而热度往往不能延续。

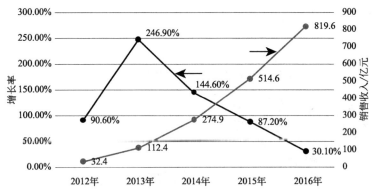

图 8-5　2012～2016 年中国移动游戏市场销售收入、增长率

数据来源于 360、网易网等

在手游 IP 尚且脆弱的状态下迅速"洗"出用户价值，其实有悖于加强和维持 IP。真正的 IP 运作需要考虑长期的经营问题，而不是只在于游周期内赚钱。也就是说，长线生命力的变现空间才是重点。

持续不断地对用户进行刺激，最终形成了忠诚度。手机的交互方式密切、随身携带便利等特点使得和用户交流的频度与贴合度很容易超过"临界点"，从而使新 IP 的产生成为可能。

案例 3

手游是短周期产品，传统 IP 则是长周期作品，这是一个不可调和的矛盾。如不少原本被寄予厚望的 IP 作品都纷纷停运，其中停运作品数量最多的厂商当属日本的 DeNA。

DeNA 是世界领先的网络服务公司，在游戏尤其是手游领域有着巨大的影响力，但自从 2014 年在日本市场出现整体下滑的趋势；同时，在海外的事业也不容乐观，全球营业额持续亏损。

不过乘着我国刮起的 IP 热，在我国国内的业务依旧保持着不错的成绩：《NBA 梦之队》月流水数亿日元；《变形金刚：崛起》月流水也突破了 1 亿日元。并在 2015 年大手笔地投入到 IP 游戏的开发和运营中，《航海王》《灌篮高手》《圣斗士星矢》等 IP 都让 DeNA 寄予了厚望。DeNA 的主打业务如图 8-6 所示。

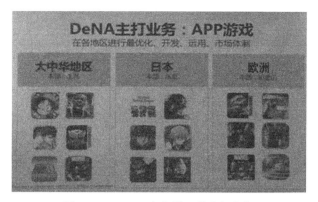

图 8-6 DeNA 在各地区的主打业务

2016 年 6 月该公司宣布进军手游领域，如《进击的巨人：自由咆哮 (进撃の巨人－自由への咆哮－)》、《风与拉尼娜》、麻将游戏《雀神纪事》……投资的多款手游陆续上市。然而就在 DeNA 快速发展时，问题出现了。由于手游市场逐步饱和，很多手游上市后并没有想象的那么受玩家欢迎，有的甚至上线几个月就被迫下架，很难赢利。

这一突发情况迫使 DeNA 不得不停下脚步，2016 年 12 月有不少 IP 项目开始停运。据内部人士介绍，另一款 IP 手游《北斗神拳：痛击》将于 2017 年 3 月底停运。可以想象，这些停运的手游一定没有给 DeNA 带来可观收益。如此大批量的手游停运，不禁让人对 DeNA 的运营方式和生存能力表示担忧：在 DeNA 身上究竟发生了什么？盲目扩张还是过分崇尚 IP 化？

案例 4

《古剑奇谭壹之莫忘初心》IP 横跨了游戏、影视等多个领域，除了游戏用户之外，更大的用户群体来自于影视。由《古剑奇谭》一代游戏剧情小说改编的首部古剑电视剧，曾创造了单集播放量突破 1.6 亿元、单日最高播放量接近 2 亿元的新高。而剧中的演员明星也因此热度高涨，可见背后粉丝经济的潜力之巨大。由此，也可将用户群体分为"核心游戏群体""影视剧粉丝群体"及"周边覆盖群体"。《古剑奇谭壹之莫忘初心》手游针对不同群体，制订了更多以细分市场为主的策略。

首先，针对核心的游戏群体，《古剑奇谭壹之莫忘初心》手游了解到玩家对游戏玩法的要求更甚于剧情，因此针对手机平台设定了点触必杀系统，配合跳跃、御剑飞行等表现方式。在游戏中，节奏更偏于简洁明快。

游戏中有三大职业设定和战前布阵系统，因而大大增强了游戏的策略性。如"前尘往事"玩法中为每个角色制订了专属关卡；"演武场"中则通过玩家PK调动了交互性；"东海远征"则在交互的基础上增添了战损系统。

同时《古剑奇谭壹之莫忘初心》在装备、技能、觉醒等多种养成要素中也加入了更多的内容，让玩家玩得过瘾。

其次，针对影视剧粉丝群体，《古剑奇谭壹之莫忘初心》手游发现他们大多为"90后"，对剧情的要求很强，同时更关注与明星的互动，因此娱乐性也十分明显。于是《古剑奇谭壹之莫忘初心》手游在推广方式上加大了娱乐力度，利用影视剧IP的力量，通过微信、微博等新兴媒体，结合娱乐化营销的流行趋势，有效地对这个手游进行了较好的推广宣传。

最后，针对周边覆盖群体，《古剑奇谭壹之莫忘初心》手游更注重用户的参与方式，尤其是二次元人群。企业采用多元化的活动方式调动玩家积极性，甚至还在游戏上线同期举办了"最美古风秀——Cosplay大赛"，最终形成了广泛的传播。

从《古剑奇谭壹之莫忘初心》手游的成功可以看出，IP不仅仅是敲门砖，更是一种文化体系，在核心文化的影响下会聚拢多种多样的用户群体。手游要想获取对应人群，实现IP的最大价值，就要深挖产品的内容和内涵，找准用户的痛点，通过内在的认同感紧抓用户。

只有在游戏内容、文化、内涵、玩法上让用户得到优质的体验，才能在最大程度上实现IP的价值。《古剑奇谭壹之莫忘初心》手游对IP文化的继承和创新营销，也会成为日后更多IP游戏营销的楷模。

8.4 网络文学IP百花齐开放

在泛娱乐化的整个产业链中，网络文学IP是最主要的一种IP形式，往往承担着无时不在为整个产业链输送内容和故事的重任。可以说，很多优质的影视 IP、动漫 IP、游戏 IP 都是网络文学衍生出来的。所谓的网络文学，主要是指以网络为载体传播的文学作品。随着网络的发展，网络文学的数量越来越多、质量越来越高。迄今网络文学已走过近 20 年的时间，逐步取代了传统文学成为文学领域不可缺少的类型之一、成为互联网文化中最受欢迎的门类之一。当前，也有不少传统文学通过电子化成为网络文学的一部分。

与传统文学不同的是，网络文学内容更加自由、语言更加开放、形式更加多样。随着互联网的发展，网络文学的影响力日益加深，在人们的日常生活中扮演着越来越重要的角色。

在互联网时代，国民数字阅读率不断上升，网络文学的市场规模也在持续增长。根据中国互联网络信息中心的报告，2014 年国内网络文学市场规模达到 56 亿元，较 2013 年上涨了 21.0%。伴随着泛娱乐产业的兴起，内容产业中优质 IP 的价值日益凸显。作为 IP 核心来源的网络文学的赢利模式正在发生着深刻的变化，引来了各行业的爆发契机。

截至 2016 年 12 月，我国网络文学销售收入规模突破 90 亿元，达到了自网络文学诞生以来的最高峰，较 2014 年底增加了 20 亿元。图 8-7 所示为 2012 ~ 2016 年中国网络文学销售收入规模及增长率变化趋势。

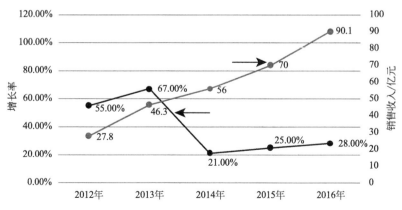

图 8-7　2012 ~ 2016 年中国网络文学市场销售收入、增长率

数据来源于 CNNIC，DataEye 数据中心

由图 8-7 可知，我国网络文学收入规模在近 5 年间呈逐年上涨趋势，增长率经过几年的下降后，从 2014 年开始重新呈现出微弱的上涨势头。双线上涨是与影视 IP、手游 IP 最大的不同之处，表明我国网络文学用户规模趋于稳定，阅读习惯移动化趋势明显，价值凸显的网络文学呈现出百花齐放的局面。

热门的网络文学作品通过互联网平台可积累大量粉丝，表现出极强的 IP 潜力。它奠定了实现从网络文学作品向电影、电视剧、游戏等其他领域跨界的基础，展现出了巨大的价值性和增值性。目前网络文学 IP 的价值正在被包括 BAT 在内的互联网巨头所关注，其效应也正促进着整个泛娱乐行业的繁荣；同时逐步形成了以文学为源头，影视、游戏、动漫、音乐等泛娱乐领域为周边产品的多态发展趋势。

随着游戏、影视、动漫等业态的成熟壮大，以 IP（知识产权）为核心实现文学、动漫、音乐、影视和游戏等多产业联动的泛娱乐生态成型。而文学作为延伸性最强、受众最广、产量最大的 IP，可通过全版权运营模式借助了 IP 粉丝经济效应来实现多产品变现，凸显市场价值。近年来以 BAT 为代表的互联网资本纷纷强势介入，网络文学的市场关注度持续升温。

互联网企业将大量的资本投入网络文学行业，具体如表 8-1 所示。

表 8-1　互联网企业投入网络文学行业状况

企业	时间	事件
人民网	2013.1	2.5 亿元收购看书网 69.25% 的股份
腾讯	2013.9	与起点中文网核心团队合作成立腾讯文学，创世中文网、运起书院、QQ 阅读都是其旗下平台
	2015.1	阅文集团——盛大文学（50 亿元收购）与腾讯文学合并
百度	2013.12	1.915 亿元收购纵横中文网
	2014.11	成立百度文学——合并纵横中文网、91 熊猫看书和百度书城
阿里巴巴	2015.4	收购书旗小说、UC 书城，与自有的移动阅读业务合并成阿里文学
掌阅科技	2015.4	入股红薯网，投入巨资与旗下的掌阅文化、杭州趣阅成立掌阅文化
中文在线	2015.1	定增 20 亿元，围绕旗下的 17K 小说网打造泛娱乐生态

注：资料来源于 DataEye 数据中心。

表 8-1 反映了网络文学的运营现状，基本上都被互联网企业整合和收购。腾讯、百度、阿里巴巴几大巨头利用手中的资金、优势，掌握着绝大部分网络文学 IP 组员。除了传统的类似中文网的 VIP 付费阅读模式外，广告收入、版权销售成为另一条主要的变现途径。随着内容产业中优质 IP 价值的日益凸显，网络文学产业开始由依赖用户付费的商业模式向 IP 版权运营的方向转变。

以盛大文学为例，我们来看下网络文学是如何逐步拓展产业链的上中下游，并通过多层次的版权售卖与改编实现版权价值最大化的，如图 8-8 所示。

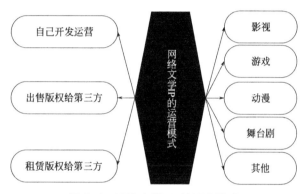

图 8-8　网络文学 IP 的运营模式

网络文学 IP 作为原创的优质文学内容输出之一，在当前泛娱乐热潮之下显然已具备了向游戏、出版传媒以及影视娱乐等行业输送原始作品内容的潜质。随着商业模式转型的大力推进，行业开始采用 IP 授权分成或自行开发等方式进行网络文学作品的全版权运营。通过全版权运营，网络文学产业链开始向下游延伸并实现对线下书籍出版、动漫、游戏、电影、电视等方向的开拓，以立体化地挖掘 IP 的价值增量。相对于网络文学直接消费的市场规模，基于 IP 衍生开发带来的增量市场空间更为广阔。

然而一直以来，网络文学都有很多作品处于边缘，难登文学大雅之堂，甚至被认为是糟粕文化。但我们不能予以全盘否定，毕竟其中不乏有思想深度和文学意义的佳作，甚至有的超越了主流文学作品。有人把它比作又一次"新文化"运动的开始，当然这有些夸大其词；网络文学一骑绝尘，改变了文学的生产方式，也改变了文学的阅读方式。这种在第三次工业革命信息基础上的书写形式，从思想和阅读习惯上影响到了整个受众群体。

链接阅读
扫一扫阅读《18 部网络小说推荐》

网络文学 IP 变现的方式主要是跨界运作，打造出系列 IP。根据网络文学题材的不同，可被改编为影视剧、游戏、动漫、话剧等一种或多种娱乐形态。通常具有改编价值的网络文学，在网络平台上已经通过读者的检验，积累了大量粉丝。改编后的影视剧、游戏、动漫等产品通常备受粉丝关注，从而可帮助文学 IP 形成多渠道变现。

自 2014 年初始，网络文学 IP 就成为热词。一份业内数据显示，截至 2014 年底，114 部网络小说被购买影视版权。其中，90 部计划拍成电视剧、24 部计划拍成电影。在电视剧领域，2015 年《盗墓笔记》《花千骨》更成为现象级作品，前者上线当天点击过亿，后者带动仙侠类型热潮。在电影领域，经典 IP《鬼吹灯》将改编成两部电影上映；在游戏领域，《莽荒纪》《斗破苍穹》《魔天记》等热门小说改编的游戏作品也纷纷上线。另外，在动漫领域，网络文学 IP 也有不俗的表现，如 7 月上线的《择天记》动画在 CCG 上成为国漫焦点。

2015 年由网络文学 IP 改编的影视剧，如表 8-2 所示。

2015 年由网络文学 IP 改编的游戏，如表 8-3 所示。

目前，金牌作家的多个作品版权已被出售，如桐华、顾漫、南派三叔等人的作品被改编或筹备改编成漫画、动画片、游戏、电影、电视剧等跨界作品。伴随着泛娱乐产业的兴起，网络文学 IP 价值凸显，并开始受到整个泛娱乐产业的追捧；优质 IP 版权费用不断上升，网络文学天价版权 IP 频现。

表 8-2　2015 年由网络文学 IP 改编的影视剧

序号	影视剧名	书名	作者	IP来源
1	何以笙箫默	何以笙萧默	顾漫	晋江文学城
2	旋风少女	旋风百草	明晓溪	晋江文学城
3	芈月传	芈月传	蒋胜男	晋江文学城
4	琅琊榜	琅琊榜	海宴	起点中文网
5	盗墓笔记	盗墓笔记	南派三叔	起点中文网
6	花千骨	花千骨	Fresh果果	晋江文学城
7	华胥引之绝爱之城	华胥引	唐七公子	晋江文学城
8	云中歌	云中歌	桐华	晋江文学城
9	左耳	左耳	饶雪漫	晋江文学城
10	新步步惊心	步步惊心	桐华	晋江文学城
11	鬼吹灯之九层妖塔	鬼吹灯	天下霸唱	起点中文网
12	师父	师父	校长	晋江文学城
13	怦然星动	怦然星动	顾安北	晋江文学城
14	鬼吹灯之寻龙诀	鬼吹灯	天下霸唱	起点中文网

表 8-3　2015 年由网络文学 IP 改编的游戏

序号	游戏名	书名	作者	IP来源
1	莽荒纪	莽荒纪	我吃西红柿	起点中文网
2	神墓	神墓	辰东	起点中文网
3	佣兵天下	佣兵天下	说不得	起点中文网
4	唐门世界	绝世唐门	唐家三少	起点中文网
5	盗墓笔记	盗墓笔记	南派三叔	起点中文网
6	斗破苍穹	斗破苍穹	天蚕土豆	起点中文网
7	吞噬星空OL	吞噬星空	我吃西红柿	起点中文网
8	龙血战神	龙血战神	风青阳	17K小说网
9	花千骨	花千骨	Fresh果果	晋江文学城
10	魔天记	魔天记	忘语	起点中文网
11	琅琊榜	琅琊榜	海宴	起点中文网

网络文学IP庞大的粉丝群体和很强的用户黏性，有助于降低宣传推广和运营成本；同时多端产品变现推动收益最大化体现，高投资产品风险大大降低。以影视、游戏等为代表的下游内容产业的迅速发展，为网络文学的泛娱乐生态变现提供了广阔土壤，从而形成了"同一IP入口，多产业渠道变现"的共振模式。《花千骨》《琅琊榜》等泛娱乐全版权运营的成功案例具备典型的示范效应，未来依托文学优质IP进行泛娱乐多维度产品运营将是主流生态。

案例5

南派三叔的王牌作品——《盗墓笔记》是近些年在IP热中受益最大的网络文学作品之一，也是一部令很多粉丝都牵肠挂肚的作品。

2006年，《盗墓笔记》小说开始在网络上连载，十多年积累了大批粉丝——稻米。9部实体书总销量超过1200万册，获得了巨大成功。随后又推出几部相关小说，同样获得了不俗的社会效益和经济效益。

《盗墓笔记》之所以受到众多读者，尤其是年轻读者的喜欢和追捧，是因为它与《聊斋志异》一样，有着浓郁的民间传奇故事性质（盗墓桥段）。或者说，是大而化之的"地摊文学"（其实地摊文学也有不少宝藏，如曾经的《故事会》《今古传奇》等杂志），满足了大部分普通人的阅读需求。互联网环境下的印刷平媒日渐式微，《盗墓笔记》便因应了新的媒体环境和语态方式，经由网络时代的融媒体环境崛起，塑造了互联网时代的民间传奇。

基于庞大的阅读群体，《盗墓笔记》成为原创文学中的一大优质IP。因此除小说之外，还衍生出了电影、电视剧、网剧、舞台剧等系列IP，掀起了网络文学IP的跨界之风。2014年年初，南派三叔成立影视公司——南派投资公司；6月，南派投资联合多家公司开始了自己的《盗墓笔记》大计划，其中以改编成电影最引人注目。

图8-9所示为《盗墓笔记》某舞台剧剧照。

图 8-9 《盗墓笔记》舞台剧剧照

2015 年，南派投资和欢瑞世纪出品的《盗墓笔记》网剧在爱奇艺独播。该剧开播后，迅速火爆网络。我们来看几组数据：2015 年 6 月 12 日，《盗墓笔记》网剧先导集上线当天，22 小时内就获得过亿的点击量，创下了网剧首播最高纪录；2015 年 6 月 16 日，爱奇艺公布月度付费 VIP 会员数已经达到 501.7 万，其中《盗墓笔记》网剧拉动的会员数周环比增幅超过 100%；截至 2016 年 4 月，它给爱奇艺带来的总流量超过 29 亿。

之后，南派继续做《盗墓笔记》这个 IP 的孵化，同名电影版计划出炉。这部影片截取了小说中探秘西王母古墓的部分作为核心，由当红小生鹿晗和井柏然担任主演，再加上拥有千万"原著党""粉丝党""大片党"，"盗墓十年"在无数年轻人心目中占据着不可撼动的地位，拥有的潜在观影群体不可估量。

与此同时，南派投资还和欢瑞合作打造了《盗墓笔记》手游。这款由南派三叔亲自担任总监制的游戏，将通过"真 3D+360 度全开放视角"，打造出次世代主机级游戏的画面品质，并独创了一套全新的即时战斗系统，为稻米献上一款精致的动作类手游。

8.5 网络剧 IP：小而美是发展方向

网剧顾名思义就是网络剧，随着互联网的发展，逐渐延伸出一类专门适用于 PC 端、移动端播放的连续剧。再加上 iPad、智能手机等终端设备的大量出现，越来越多的人选择在网上收看自己喜欢的节目。这一趋势也使得网剧在短时间内得到了爆发式的发展，目前已经有越来越多的网络剧闯入大众的生活。

从《毛骗》《屌丝男士》《万万没想到》到零差评神剧《无心法师》，再到《太子妃升职记》，网剧 IP 的优势已开始显现。

于 2010 年上映的《毛骗》，可以说是国内传统意义上的第一部网络电视剧。它是由一群大学生组成的团队用 DV 拍摄的，没有投资商，没有精美的制作，只专注于故事本身。该剧讲述了一帮充满"侠盗"精神的骗子精心布局，把贪婪好色和为富不仁者收入网中的传奇故事。这群有组织、有纪律，混迹在城市边缘的小人物、骗子、侠盗、不法分子正是当下大城市生活中某一个层面生活的真实写照。再加上烧脑的剧情、诙谐幽默的对白，使得粉丝欲罢不能。图 8-10 所示为《毛骗》剧照截图。

图 8-10 《毛骗》剧照截图

从 2012 年起，出现了一批以《屌丝男士》为代表的搞笑剧，这一阶段的网剧大多以短小精悍的段子剧为主。直到 2014 年，才开始了由段子剧到剧情剧的转换，于是受到广泛关注。2015 年是网剧的爆发年，在质量、播放量、投入与产出量上都达到了新的高度。国内有 300 多部网剧上线，其中多部作品点击量冲破 10 亿大关。此时，各种影视明星也大规模地流向网剧，例如陈伟霆、张艺兴、赵丽颖出演《盗墓笔记》；靳东、陈乔恩出演《鬼吹灯》等。

图 8-11 所示为 2010 ~ 2016 年网剧 IP 的发展趋势和特征。

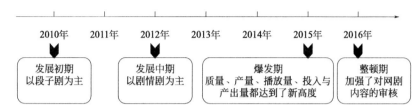

图 8-11　2010 ~ 2016 年网剧 IP 的发展趋势和特征

网络剧的出现可以说是被"逼"出来的，因而在很短的时间内就吸引了大量网民的关注，并显示出强劲的生命力。2016 年对中国网络剧而言，是至关重要的一年。这一年的网络剧从投资到制作再到宣传、播出都展现出了一些新特征，而这些新特征或将引领中国网剧进入新的发展阶段。

与传统的电视剧相比，网剧的最大特色是基本以段子为主，在题材、形式上多样创新，题材上轻松、幽默，类似鸡汤文；形式上每集播放时间较灵活，可长可短，更加适合快节奏的生活和工作压力下都市人群利用碎片化时间观看的方式。

如今，网剧已不再被视作对电视题材类型的补差，而是被视频网站上升到树立金字招牌、增加用户黏性、应对繁复激烈竞争格局的重要利器；同时，视频网站付费会员的兴起更让网剧发生了革命性的改变，摆脱了像卫视电视剧那样单纯依赖广告的单一赢利模式。

相对宽松的管理和相对自由的创作，为网剧赢得了宝贵的起步优势。不过，就在网剧呈现出上升趋势，大有代替卫视剧之时，却出现了一些不和谐的声音。由于缺乏相关部门的审核和监管，不少网剧打得一手好擦边球，如有的网剧中掺有封建迷信、暴力色情等成分，有的在传统电视剧里看不到的在网剧中却可以看到，这对观众都是不小的诱惑。正是因为网剧貌似享受了一种"特殊待遇"，才使得传统电视剧工作者不满意，发出了要求与网剧享受同一标准待遇的呼声，从而在一定程度上加快了有关部门对网剧管理的升级速度。

链接阅读
扫一扫阅读《广电总局加强网剧监管　线上线下统一审核标准》

网剧有优点，例如故事新颖、元素新鲜、风格时尚、与时代同步；但网剧也有很明显的缺陷，例如堂而皇之地大做植入广告、故事整体缺乏逻辑支撑、没有严谨的制作态度、仅凭夸张的风格取胜等。

网剧之所以曾一度停滞不前，原因就是内容水分过大。为了吸引观众，为了有足够的看点，网剧不得不在内容中包装进大量的噱头、槽点，从而忽略了内容的质量和口碑。

不可否认，网剧在快速发展时期的确出现过精品。但相比于庞大的制作基数，优质网剧所占的比例还是不高，甚至要低于传统电视剧。随着网剧市场的进一步规范，大众口味的变换，以及对网剧要求的提升等，网剧必须把更多精力用于内容制作、提升质量上。小而美、精而细，必将是网剧未来的发展方向。

在互联网大发展的今天，网剧的发展前景一片光明。如何更好地打造出制作精良、量多质好的网剧，需要制作公司、视频播放网站等多方面的共同努力。如网剧《微能力者》，投入成本不高，也没有大明星，但这部"小而美"的制作IP却收获了2.4亿的播放量（腾讯视频），且口碑一路上扬；在豆瓣上的评分，自开播后一直在8分以上。艺恩数据显示，《微能力者》位列2016年度网剧口碑前三。

案例 6

　　《微能力者》由腾讯视频、莱可传媒联合出品，是一部非大 IP。作为主打轻科幻的网剧，《微能力者》不仅在播放与口碑上都达到了"精品化"，而且在叙事结构以及营销宣发上也有多个创新点，给网剧行业带来了新的形象。为此有媒体专访了莱可传媒 CEO 和《微能力者》出品人之一陈蓉妍，她从行业角度给出了自己的看法。

　　当一些大 IP 迎来口碑扑街时，越来越多的中小 IP 却因制作精良受到欢迎，于是形成了强烈反差。尽管没有大 IP 根基、没有大牌演员合作，也没有巨额投资，却能够获得流量口碑双丰收。网生内容似乎正在向市场传递一种信息：当网剧流量退烧，IP 及明星不再是良药，与其花费大价钱购买 IP 改编权，不如开启培养 IP 模式。

　　当市场发展到一定的成熟阶段，一定会形成一套良性的生态体系。一方面，高举高大的大版权时代泡沫伴随着被高估的 IP 价值逐渐被击碎，版权经济也只有少数执牛耳者能够吸引源源不断的投资得以持续；而另一方面，精品化、差异化的内容之路显然是大趋势。

　　从各大平台的布局来看，无论是搜狐、爱奇艺还是优酷，无一不瞄准自制剧市场，在精品自制上动作频频。而《微能力者》作为一档主打"轻科幻烧脑剧"题材，没有大 IP 加持、没有大投资商傍身，却在精品自制库中显山露水，成为一个"特别"的存在。图 8-12 所示为《微能力者》的宣传片截图。

图 8-12 《微能力者》宣传片截图

"轻科幻"与"重科技"形成反差,而"微能力"自然与"超能力"形成对比。陈蓉妍表示,一上来就是"超能力"必然会被网友用来和美剧的超能英雄做对比,这样反而没有新颖性,也很容易受到质疑。而以"微能力"作为切入点,设定接地气的人物形象,会使人物更加有血有肉。具体是先树立生动的人设,再慢慢让观众代入他们的角色中,看到他们的成长。

另外,除了题材定位瞄准"轻""微"等关键字外,《微能力者》的叙事结构也成为一大看点。《微能力者》的前八集采用单元剧的结构,后八集则运用连续剧强剧情的推动结构,这个剧情的设定也是希望网友能感受到剧情架构的惊喜。

"倒叙、插叙、多线叙事,用常规的并行时间线进行混剪模式,明显耗时复杂且需要承担风险的叙事方式。"陈蓉妍表示,这也是在项目开发阶段构思良久的冒险决定。"先用单元剧的结构去做前面每个人物的出场,不用过多的混剪来打扰他们人物的独立性。之后再通过人物关系、时间线索、推理悬疑等剧情的关系做总的连接。"

《微能力者》不是一部披着科幻外衣来做的偶像剧,也不是披着科幻外衣来做的刑侦剧。剧中的loveline极少,更多的是通过微能力给人带来的改变,进行关于科学未来的探讨。

8.6 戏剧IP:是个低洼地,但别急于挖掘

当IP热肆虐影视、手游、网剧等领域之际,戏剧成了下一个对象。如《夏洛特烦恼》改编自开心麻花同名话剧,由开心麻花原班人马打造,狂卷14亿元票房成为票房黑马。徐昂导演的电影《十二公民》也受到观众的肯定,该片翻拍自美国经典电影《十二怒汉》,而《十二怒汉》则是根据同名经典话剧改编。电影《十二公民》导演徐昂是北京人艺的青年导演、演员,片中12位主要演员也全部来自北京人艺、国家话剧院。

再往前推,如《南海十三郎》是香港最经典的舞台剧之一,如图8-13所示。它是1997年改编的电影,谢君豪因此拿了当年金马奖的最佳男主角。

图 8-13 《南海十三郎》与谢君豪

随着戏剧 IP 改编电影的热播，戏剧 IP 的熊熊烈火似乎已点燃，毕竟很多上座率很高的戏剧，通过改编也都收到了不错的经济效益和社会效益。这也让不少企业开始将触角伸向戏剧，以挖掘戏剧 IP 的潜力。但业内人士就表达了不同的声音，不急于将戏剧变成电影，尽管那确实是一块很大的"蛋糕"，但这块蛋糕下是个火锅，所以大家暂时开开心心，做一点自己喜欢的事情很好，过了这个度就会玩火自焚。

事实也证明，当 IP 进入戏剧、话剧界之后，表现得并不好，大多数改编电影反应平平。如丁乃筝的《他和他的两个老婆》就改编成了电影《恋爱排班表》，但票房不好，影响不大。

有些戏剧改编 IP 有些让人尴尬，有些无功也无过。如 2014 年 6 月上映的电影《分手大师》票房不错，但口碑一般。同样，2015 年年底上映的《恶棍天使》也改编自话剧，更是没有满足人们对邓超式喜剧的期待。

好剧本难求，好编剧稀缺。所以，很多时候影视剧便寄希望于 IP。显然，戏剧就是一个好 IP，尽管不能保证由这个 IP 改编的影视剧都能大卖，因为涉及的因素太多。

能够常演不衰的舞台作品，一定会经得起市场考验。戏剧是个好 IP，但即使这个 IP 孵化出来的影视剧都很好，也依然无法替代戏剧本身。戏剧带给观众的，一定会比电影、电视剧多一些。毕竟戏剧是在现场，人演给人看，每天都不一样。即使像 NT LIVE 这类的"话剧电影""高清戏剧"，虽然为观众提供了一种有意思的见识世界顶级戏剧的方式，但也都是勉强的、无奈的、打了折扣的。

戏剧人总是强调戏剧市场不成熟，然而一旦成熟就开始招苍蝇了。因为资本总是逐利而来，资本来了也就意味着戏剧不能主宰自己了。市场不成熟，则意味着人性还有空间、创作还有空间。这也是戏剧人不急于将戏剧IP变现的原因之一。

话剧也是一个好IP，但并不是所有的话剧改编成电影都能获得商业上的成功。在乌镇戏剧节期间，知名编剧、剧评人史航在接受记者采访时曾表示：坐好戏剧这把椅子，不用急于变现。

案例 7

继《夏洛特烦恼》之后，开心麻花又将高口碑话剧《驴得水》搬上了银幕，并沿用话剧原班人马。

电影《驴得水》是开心麻花的第二部大银幕作品，根据"零差评"话剧改编。与第一部《夏洛特烦恼》完全不同，这部电影的故事发生在民国时期的一个乡村学校，因为严重缺水而养了一头驴挑水，可谁都不愿意出养驴的钱，于是不得不将这头驴虚报成一位不存在的老师"吕得水"，然而在面临前来检查的特派员时一切都乱了套……

电影《驴得水》改编自由周申和刘露共同创作的话剧《驴得水》，这部"幽默中有酸楚、荒诞中见现实"的话剧一度被称为"零差评神剧"。

2012年5月，话剧《驴得水》上演后大受欢迎，好评口口相传，且在全国数十个城市巡演场场爆满，更成为包括北京电影学院、剑桥大学、普林斯顿大学在内的近百所海内外高校剧团争相排演的超强话剧IP。记者在豆瓣网上看到，话剧《驴得水》的评分高达8.5分，这部国内最当红的话剧演出版本已经有18个。

2009年，周申在听说完一件趣事后便结合身边的人物和故事进行创作。创作伊始就是想拍成电影，但还未启动就被别人抢先拍了微电影："我当时的想法是先把自己的作品立起来，这样好去打官司，但是电影的筹备比较慢，就先做成话剧，没想到话剧就火了。"

自从《驴得水》要改编成电影的消息传出后，便引来了不少粉丝的期待。虽然电影版的演员阵容采用的是话剧版的原班人马，没有一个"明星"，但这部电影还是数次登上热搜，可谓未映先红。其中，更有何炅、贾玲、马伯庸、史航等名人大 V 在微博上诚意推荐。片中，女主角张一曼的遭遇赚足了观众的眼泪，而张一曼的扮演者任素汐也是人气爆棚。

《驴得水》的编剧、导演周申曾表示，《驴得水》的制作成本很低，演员对于大部分电影观众来说也都非常陌生，在筹备和拍摄的过程中还遇到了很大的困难："之前有个公司老总跟我说，'没有明星没有大场面，你的电影就别想上映。'他那条微信我现在还留着。"刘露也表示："一开始我也没什么信心，但是从路演开始我们慢慢有了信心，所以我相信观众的力量。我们没有花哨的东西，我们就是在做一个好看的故事。"

第
9
章

案例篇2：IP与传统行业

作为稀缺资源，IP必然会随行就市，向各个行业渗透。餐饮、旅游、电商以及传统企业也在积极主动向IP靠拢，以期打造自己的IP，或充分借用IP资源发展来提高自己的知名度和声誉。本章结合案例阐述了IP与传统企业之间的关系。

9.1 IP 给传统行业带来的机遇

"IP"一词始于文化娱乐行业，而后蔓延到传统企业，尤其是创新型的互联网企业、电商平台领域。百度、阿里、腾讯、小米、360、京东……各大互联网巨头纷纷在 IP 引进和运用方面加大投资力度，甚至开始做 IP 创新——IP"生态"圈建设。如腾讯正着力打造"泛娱乐"生态圈，阿里巴巴正准备将娱乐宝和淘宝电影票引入阿里影业……这也意味着，IP 已经席卷了所有行业！

事实上，无论是文学、影视、音乐、游戏还是传统行业，以及在此基础上进行的各种跨界，都预示着 IP 将形成一个完整的生态产业链。

"IP 热"在给文娱业带来高额利润的同时，对传统产业似乎是个冷遇。难道 IP 只是文娱业的专属和标签？答案是否定的。它对传统行业的作用关键在于运用、参与、转型和融合，通过与超级 IP、知名 IP 的融合，来实现品牌、产品知名度和美誉度的提升。

IP 不仅给文娱产业带来了机遇，也给传统企业带来了机遇。有很多善于创新的传统企业，正是由于及时拥抱 IP 而突破了发展的限制。

那么，传统企业如何拥抱 IP 呢？

（1）运用

传统企业积极拥抱 IP 的一条重要途径就是，利用 IP 并学会借 IP 的势。这是因为 IP 天生具有粉丝属性，只要想办法与某个 IP 挂钩，在某种程度上就可以获得该 IP 的粉丝，从而产生良好的市场连锁效应。这说明，IP 的号召力比传统广告具有很多优势。因此，很多 IP 尤其是顶级 IP，都成了传统企业争抢的目标。

链家地产这个最大的二手房交易平台，在《芈月传》热播时，独家冠名的同时，抓住《芈月传》热播这一时机，大玩内容营销，将娱乐营销的威力发挥到了极致。比如，在朋友圈、微信公众号上推出结合剧情和产品的有趣广告、软文。

如链家网微信公众号中发布了这样一个信息"链上芈月 | 看了芈月朋友圈才知道谁是她终生至爱"，如图 9-1 所示。在这个推送中，

链家网不仅借助于《芈月传》给链家打了一个硬性广告，还在文中送上了"如果芈月玩朋友圈了，又是怎样的呢？"另外，在文章下面还附加了芈月朋友圈的信息。

图 9-1　链家网微信公众号软文

除此之外，还有"当芈月饿了的时候""当芈月看雪的时候""当芈月想去玩的时候""当芈月求赞的时候"等信息，目的是激发粉丝互动的欲望，结果当然是点赞、评论、留言等不断。

根据市场上的某个特定 IP，找到与产品、品牌相匹配的切入点，然后寻找话题，并以独特的方式传播出去，从而达到占领市场、获得粉丝的目的。这样的方式就是传统企业对 IP 资源最简单的运用，不仅降低了营销成本，最关键的是淡化了硬广告的一些弊端。

（2）参与

传统企业积极拥抱 IP 的另一条重要途径就是参与。如在各大 IP 盛行的风口，很多旅游企业纷纷开始傍大 IP，如冠名赞助综艺节目。《中国好声音》《我是歌手》等都是大众喜爱的娱乐节目 IP，途牛旅游就曾在这些节目中冠名，以此来扩大自己的影响力。图 9-2 所示为途牛与《中国好声音》合作的截图。

图 9-2　途牛与《中国好声音》合作的截图

除此之外，还有很多旅游企业，如携程旅游联手《爸爸去哪儿》《花样爷爷》；同程旅游成为《奔跑吧兄弟 3》的合作伙伴，驴妈妈旅游冠名《报告！教练》《我爱挑战》等。由此可见，通过 IP 的影响力来做推广以扩大企业、品牌的影响力，是传统企业与 IP 合作的主要方式。

（3）转型

所谓的转型是指传统企业在原有业务类型的基础上，利用自身的优势将全部业务，或一部分业务向 IP 业务转移，通过经营 IP 或者与 IP 相关的业务来赢利。

如以房地产起家的万达，在房地产市场缩紧、供大于求的这几年，开始向文化产业转型。它不再是单纯地卖住宅、卖商铺，而是利用万达广场这个项目的优势，将一部分业务转向电影影院的运营。2016 年，电影影院运营的收入已经成为万达集团的主要收入来源之一。

据统计，2016 年万达全球新增影城 677 家、屏幕 6788 块，其中国内新增影城 154 家、屏幕 1391 块；万达全球累计开业影城 1352 家，屏幕 14347 块，约占全球 12% 的票房市场份额；万达在北美、欧洲、中国全球前三大电影市场票房均排第一。

同期，电影产业的收入 391.9 亿元，完成年计划的 105.8%，同比增长 31.4%。这与万达集团商业总收入形成了对比（2013 年万达商业性收入总计 1430.2 亿元，完成年计划的 100.4%，同比减少 25%）。

万达之所以由实业向文化产业转型，主要原因是看重了某种 IP 热浪潮下电影市场的巨大赢利空间。IP 促使近几年电影产业的爆发式发展，而电影的上映离不开影院，这样一来影院的建设就势在必行。

（4）融合

融合也是一种参与的体现，只不过是一种更深入的合作方式。它通常是指利用与 IP 有关的某个元素，通过改造和创新来实现深层次的应用。

如《变形金刚》《超能陆战队》《哆啦 A 梦》等这些经典 IP 人物形象，会被视为广告的基础材料，借助于 IP 元素来达到品牌的自传播。2014 年大获成功的《乐高大电影》就是最典型的例子，电影中所有的角色出演皆出自乐高玩具，而这些玩具中很大一部分来自著名 IP 的角色形象，部分角色如图 9-3 所示。

乐高借助于 IP 角色的粉丝效应来制作优质的内容，最后以电影这种最好的声效放大器获得最大的注意力回报。由于角色很多来自经典 IP，"角色认同"先天存在，因而形成了乐高的基础用户。再加上电影本身就是"优质内容"，即通过内容认同来获得新用户，而不仅是导流 IP 的原有粉丝。

蝙蝠侠？帅！

图 9-3 乐高大电影角色"乱炖"

当然，这与运用 IP 元素中的部分进行植入，做借势营销（链家的案例）有本质上的不同。前者追求的是单纯注意力的覆盖，后者注重的是情感共鸣和认同感。乐高大电影里的 IP 角色有了新的定位，等于是把原本属于 IP 的元素变成了乐高自己的东西。而具有丰富的角色形象和故事背景，可以赋予品牌更深的内涵。

立足原有主业，以 IP 为策应，利用 IP 优势，按照运作 IP 的逻辑进行重组和融合，是传统企业继运用、转型和参与 IP 后与 IP 结合的又一个新路子，也是最高层次的合作形式。

以上四种方式基本上涵盖了 IP 在传统行业的所有运用。总而言之，IP 与传统行业并不是完全隔绝的，而是一个逐步融合的过程。就传统企业而言，在面对一个新的商业浪潮时，总会有"当头一棒"的感觉，一时之间找不到头绪，不知道究竟是积极融合还是保守不变。就像互联网思维一样，当小米、360、百度、腾讯纷纷借助于互联网思维大力发展的时候，传统企业也逐渐意识到互联网思维的重要性，于是那些敢于改变和挑战者融合了互联网思维，从而走上了转型之道，顺利获得了新的发展机会。

如今遇到 IP 风口，对传统企业而言仍是同样的道理。综观整个市场，传统行业的主流还是向前看的，作为市场上最主要的一支力量，只有不断接纳、不断融合才能生命常青。

一个传统企业要想发展成为 IP 是很难的，但如果借助于 IP 的优势资源来实现创造性的运用是完全可以的。著名企业家王健林曾经说过一句话："企业经营的最高境界就是'空手道'，这个空手道可不是骗子，是有了品牌、有了能力，别人找上门来，你一分钱不出凭品牌就能挣钱。"这句话道出了品牌在企业发展、提升经济效益中的促进作用，而 IP 无疑就是提升企业品牌力的最有效武器。

9.2 制造业：奔驰借名人开新品发布会

说到和时尚最密不可分的汽车品牌，当属梅赛德斯－奔驰。从传统意义上看，一个汽车品牌在推出新款汽车之后都会进行发布会。但是这个发布会往往十分正统，只是与汽车有关。

2016 年 3 月 30 日，奔驰在北京民生美术馆举办了风尚之夜活动。在这个"风尚之夜"，奔驰系列 C 级轿跑车正式上市，C200 轿跑以及 C300 轿跑汽车全新亮相，现场如图 9-4 所示。

图 9-4　奔驰新品发布会

在这个夜晚，奔驰不仅将这辆汽车的外形、内在全新的呈现给用户，同时更借助于很多人物 IP 如李筱、黄致列等，给现场观众送上了一场视觉盛宴。在活动中，曾获得"奔驰中国先锋设计师奖"的李筱为现场带来了最新一季的作品中国首秀。在 T 台上，李筱的作品与当晚发布的 C 级轿跑汽车交相辉映，使得全场掌声连连。

来自韩国的歌手黄致列也参与了这场风尚之夜。黄致列因在中国参加《我是歌手 4》而爆红，成为新一代的歌手 IP。当晚，黄致列为现场带来了三首劲歌热舞，将奔驰的发布会推向了高潮，也增强了这款汽车的时尚度和动感性。

奔驰不仅在汽车方面加强内在设计，推出了符合人们追求的新款产品，更在营销上善于运用别人的 IP 来为自己的品牌、产品造势，从而获得了多渠道、多平台、多领域的好评。

很显然，传统企业应该向奔驰学习，在 IP 营销的大趋势面前，虽然有困惑，但是要结合自己的特点和优势，巧妙地找到与自己的产品和营销相呼应的契合点，然后树立实现 IP 的变相营销，这样才能为自己带来更大的影响力。

只要企业能有效地抓住 IP，甚至能让一个濒临破产或者无人问津的传统企业重新振作起来，出现在人们的视线中。这需要企业多对市场进行考察，多对消费者进行调查，并抓住消费者最喜欢和受消费者欢迎的点深入研究，从中找到传统企业自身的机遇。

9.3 零售业：欧乐 B 联姻《神探夏洛克》

英国 BBC 出品的《神探夏洛克》可谓最好的超级 IP 之一。很多人认为 5 年出 9 集的《神探夏洛克》不需要任何言语，只凭借其质量、段子、品质就已经成为超级 IP，因此每季播出时都会引发众多粉丝的追捧。为了吸引更多粉丝关注，在 2015 年圣诞节，《神探夏洛克》进驻中国大荧幕，推出了圣诞特辑。那么，这部电影上映前是如何吸引潜在用户来关注的呢？

这时候，另一个 IP 品牌进入了《神探夏洛克》的视线中。欧乐B "洗牙双管" 是欧乐 B 旗下的一款高端护龈牙膏，产品的主打对象正是崇尚欧美文化、注重生活品质的精英人群。

经过深度分析产品及受众，欧乐 B 发现《神探夏洛克》和 "洗牙双管" 牙膏的设计背景与意图高度重合，其中突出的搭档 "双管"

精神也成了该产品的最大亮点。欧乐B可以利用《神探夏洛克圣诞特辑》影片在国内甚至国际上的影响力进行同步宣传，在消费者中产生强关联的效果。

于是欧乐B在得到英国BBC总部的授权后，其新产品营销团队将《神探夏洛克》人物特性与产品特点进行巧妙结合，形成了强关联。他们设计了一系列"病毒"海报及限量礼盒引起人群关注，并同步推出了《神探夏洛克》番外篇视频，如图9-5所示。

图9-5　欧乐B"洗牙双管"与《神探夏洛克》

在这个番外视频中，欧乐B以"双管""长效护龈"为最大亮点给粉丝放闪，将牙膏巧妙植入剧情当中，成了"卷福"和"花生"破案的关键。这个举措也让神夏粉们大呼过瘾并引起热议，欧乐B产品也因此获得巨大的曝光量。

借助于已获取的巨大曝光量，欧乐B再次利用各大平台进一步为产品推广营销，以加深人们对欧乐B的全面了解。欧乐B还锁定了小红书等一些平台上的Kol让她们提前试用然后发布使用感受，进行较强的口碑化营销，持续增加产品曝光量。

最终，《神探夏洛克》和欧乐B"双管"牙膏这两个超级IP合作双方都取得了不错的成绩。《神探夏洛克》电影得到了持续热映和高票房的影响力，而欧乐B"洗牙双管"新品上市仅一周时间便覆盖了超过900多万人次的核心人群。该产品面世仅5天，在天猫平台上就获得了14601盒的惊人销售量。

因此对《神探夏洛克》而言，这个超级IP既是产品，又是内容，更是其他品牌希望进行整合营销的对象。欧乐B恰巧利用了这种IP借势营销的机会，实现了品牌方和IP方共赢的局面。

9.4 快消品：康师傅遇尴尬，《何以笙箫默》来解围

康师傅作为传统快消品品牌，主要靠大量投放硬广告进行宣传和推广。随着新型营销的发展，康师傅也开始寻求新的方式，于是个性化、富有创意的营销方案频出，其中就有与热点影视IP的合作。

2014年，康师傅的母公司台湾顶新集团连续被曝出食品安全事件，包括康师傅在内的多种食品皆有涉及。这对康师傅造成了很大的负面影响，使得康师傅的市场一度停滞。

顶新集团的丑闻不但暴露出了传统企业的弊病，更给康师傅这样的大品牌蒙上了阴影。2015年后的第一天，康师傅便换了行政总裁。为了重新打开市场，康师傅最先在营销方面积极拥抱互联网，运用互联网思维，向IP营销看齐，与娱乐品牌合作，紧抓当下火热的IP，为自己的营销带来了新生机。

2015年康师傅茉莉清茶与热门电影《何以笙箫默》合作，共同策划了"茉莉浪漫电影季"活动，如图9-6所示。

图9-6 康师傅茉莉清茶与《何以笙箫默》共同推出"茉莉浪漫电影季"

随后，借助于 CCTV-6 传统电视平台来诠释茉莉式的浪漫，还在线上的某视频平台中用电影关键情节来植入产品；同时，康师傅还组织了系列院线贴片、话题传播、线下电影进校园等活动，大大增加了自己的产品曝光率。

另外，康师傅还紧抓影视热点 IP，如《爱情公寓》等，与之合作打造了《辣味英雄传》以进一步展开 IP 营销。

康师傅借助于《爱情公寓》番外篇的噱头，打造了由《爱情公寓》原班人马出演的《辣味英雄传》。《辣味英雄传》第一季于 2015 年 4 月上线，并且累计播放超过 2.5 亿次。康师傅这次用有趣的方式为自己的品牌广而告之，与知名娱乐 IP 布局合作，引流原本的粉丝群体，对品牌的宣传起到了积极正面的宣传作用。而且通过这种网络剧的播放形式，更能让观众和粉丝接受康师傅品牌带来的活力与正能量。

9.5 旅游业：同程自拍网剧

IP 热为同程旅游开展营销工作带来了新的思路，并大胆做了第一次尝试——自制网剧，即做属于自己的 IP 剧。数据显示，2015 年国内一共有超过 350 部网剧上线，很多热门网剧点击量甚至突破 10 亿次大关。以 2016 年年初热播的《太子妃升职记》为例，在短短的一个月时间内便创造了单日播放量最高超过 2 亿、收官之际 26 亿的纪录，累计发射 1300 万条弹幕，并连续 10 天蝉联新浪微博话题总榜第 1 名。这庞大惊人的播放量背后是什么？毫无疑问是亿万观众粉丝的支持。

网剧是以互联网作为媒介进行播放的一类网络连续剧。随着越来越多的音视频网站、制作公司、文化团体、传媒集团等开始涉足网络自制剧，如今的时代可以说是网剧"最好的时代"。偌大的受众群体也意味着其中会产生巨大的流量，这也是在线旅游网站同程对网络剧青睐的主要原因。

同程看到了网络剧的主要受众是"80 后""90 后"的年轻人，而这部分消费者更是未来消费的主力，同时也是推动网络剧走红的主要受众群体。因此，自制网剧势在必行。

同程投资拍摄网络自制剧《世界辣么大》，自此同程旅游正式踏入了投拍网剧的行列，为塑造自己的 IP 打下了基础。

《世界辣么大》是由腾讯视频、同程旅游、思美传媒联合出品的中国首部网络公路喜剧，采取的是周播形式，全剧共 12 集，每集 20 分钟。网剧《世界辣么大》讲述的是关于一群小伙伴找寻雕像、找寻青春记忆、找寻自己存在意义的旅程故事，包含了浓浓的怀旧青春，传达了这群"老"青年挣脱不开的爱情与梦想、友谊与热血。

同程拍摄这部剧的主要目的是吸引并且传达很多狂热的明星粉丝以及定位剧情本身的传播点。因此，这部剧的目标人群有明星粉丝、喜剧爱好者、同程用户、东方文化爱好者，但最重要的还是明星粉丝。

在线旅游行业在品牌营销中火力大开的当下投身网络剧，不但是同程旅游的第一次，也是整个在线旅游娱乐营销的一次大胆创新与尝试。而《世界辣么大》也成为同程旅游的一个高端优质 IP，同程旅游在这个基础上加大了 IP 营销力度，大力推广自己的品牌。

这部中国首部网络公路喜剧《世界辣么大》于 2016 年 2 月 14 日在腾讯视频首播，当日点击量就超过 110 万。而截至 2016 年 4 月 6 日，在腾讯视频中的播放量已超过了 9600 万次，获得了大量用户的关注，如图 9-7 所示。

图 9-7 《世界辣么大》与同程旅游

在观看这部网剧时，随时暂停，或者在广告时间点击屏幕上同程旅游页面中的"点击抢购"，就可以进入同程网站，并且还能第一时间看到针对当下季节同程发送的各种特色旅游产品，如图 9-8 所示。

图9-8 《世界辣么大》网剧开头中和暂停时的同程旅游广告

这种无缝对接的购买方式，让同程在《世界辣么大》网剧IP中的营销力度展现了出来，不仅依靠明星阵容和强大的热点获得了点击量，更重要的是同程旅游在这个网剧中获得了巨大的IP营销成果。这部网剧依靠品牌植入快速提高了同程旅游的知名度，并且也为同程带来了很好的IP收益；与单纯赞助综艺节目相比，收益结构显然更加多元。

事实上，在同程进军网剧打造娱乐IP营销时，途牛也宣布将2016年定义为途牛的"娱乐元年"，并与相关的影视IP合作。另外，驴妈妈也走上了与影视娱乐IP跨界的道路。很明显，在线旅游行业需要走自制网剧娱乐IP营销的道路，而同程的这次尝试无疑是正确的。

尽管《世界辣么大》这部网剧获得了巨大的点击量，吸引了千万粉丝的拥护，同程也通过点击量、赞助等各种方式获得了很大的利润。但是对同程这个在线旅游产品来说，最大的目的还是在自身的旅游产品中。

所以，同程在《世界辣么大》网剧中巧妙地加入了产品购买线，形成了在线旅游与网剧IP的联动营销，并产生了很好的效果。

这种方式在深化用户的同时，还可以给自己带来更多的忠实消费者。《世界辣么大》网剧的播放意义还在于，同程旅游品牌营销借此找到了"做版权IP"的新营销玩法，让在线旅游企业不再像过去那样仅仅依托于几个综艺节目的老套路进行营销。相比于同行企业，同程旅游在这方面的探索更符合未来的市场趋势，也更加接地气。

可以说，同程旅游已经走在了依靠自制网剧做娱乐 IP 营销的前列。

9.6 餐饮业：高颜值咖啡馆泰迪来陪你

说起餐饮企业，很多都是依靠产品与服务以及与用户的互动实现经营。但实际上，在 IP 营销大热的前提下，餐饮企业也需要真正去开发一个属于自己的 IP 互动产品，这样才可以留住客户。

餐饮企业要想抓住用户，那么就要培养客户对企业的忠诚度。这是决定一个餐饮企业能否占据市场，能否获得销售热潮的关键前提。下面我们就来看一家不依靠传统方式获得忠实粉丝、获得品牌存在感的咖啡馆，它靠的是自带 IP 的"高颜值"。

这家咖啡馆的名字叫"泰迪陪你"，是 2014 年在成都诞生的咖啡品牌。然而在当前"谁开咖啡馆谁死"的大环境下，"泰迪陪你"却仅用了一年时间就从默默无闻的咖啡馆成长为区域的营销先锋。这其中，最主要的功臣就是 IP。

很多人觉得 IP 是文娱行业的标签，但实际上 IP 是什么呢？它只是适用于文娱产业吗？举个简单的例子，在文学界，韩寒、江南、南派三叔这些人都有着很强的 IP 营销能力。因为他们的小说、文字的影响力就是 IP，因此会形成自己的品牌 IP。

在此基础上，韩寒、南派三叔如果再延伸 IP 产业链接将十分容易，仅粉丝效应就会形成一种自发的市场凝聚力。因此，韩寒的《后会无期》、南派三叔的《盗墓笔记》才十分火爆，并取得了出色的成绩。

当一个 IP 获得人们的认知之后，受众人群会越来越多，各维度之间的联动也会越来越紧密。餐饮企业"泰迪陪你"就是充分利用了这样的联动效应，开发了一个属于自己的 IP 联动营销机制。

"泰迪陪你"最初走进大众的视线，是因为泰迪熊。如在成都的一些商场中，会看到一个硕大的泰迪熊展会，里面陈列着各种风格的泰迪熊公仔，价格为几十元到上千元甚至上万元不等。各种各样的泰迪熊自然会吸引很多带孩子的用户，而这些人会主动与泰迪熊合影或者干脆买一个，如图 9-9 所示。

图9-9　各种各样的泰迪熊

当用户购买了泰迪熊之后，就会收到一张咖啡免费券。于是用户会被带入一个充满泰迪熊的咖啡世界，这就是"泰迪陪你"咖啡馆。当人们走入这个咖啡馆时，会被满屋子的泰迪熊所震撼，于是便本能地拿起相机合影、自拍，然后自然而然地发送到朋友圈、微博中。这样一来，就带动了更多客户前往"泰迪陪你"咖啡馆。

这只看似不经意的泰迪熊，实际上就是一种IP产业链的延伸。泰迪熊就是"泰迪陪你"的IP，而这个IP营销又充分开发了泰迪熊的受众人群，将延伸联动连接到了咖啡馆产业链上。这种IP联动营销的方式，自然要比传统的营销方式更有效。

普通的咖啡馆或者餐饮企业，尤其是刚创业的企业，没有任何根基，为了在推广中获得成功，大部分都会选择团购或者媒体造势等进行品牌宣传，以吸引客户。但"泰迪陪你"却没有这么做，只是依靠一个小小的IP"泰迪熊"就抓住了人们的眼球。

很显然，餐饮企业需要在传统营销中跳出框架，迎合IP营销趋势，开发IP联动营销，连接更多餐饮产业链。这样才可以吸引用户，获得用户的主动分享。

一个餐饮企业最初的首要目的就是要大力宣传、推广品牌，获得更多消费者的关注和光临。于是，很多餐饮企业都会选择媒体造势或者砸钱举办一系列的促销活动等。但"泰迪陪你"却没有这样做，而是在 IP 营销大热的趋势下，将"泰迪熊"IP 与粉丝延伸到了一个发挥极致的状态。

"泰迪陪你"的创始人罗建红为了吸引更多人对这个咖啡馆的关注，将咖啡馆标志的 IP 吉祥物泰迪熊摆放在了各大商场、卖场、车站、服装展、楼盘中。

利用人们对泰迪熊的喜爱，咖啡馆吸引了大量的用户。这些用户对泰迪熊拍照、合影、分享，从而给"泰迪陪你"带来了更多的潜在客户和目标客户。

在这个过程中，"泰迪陪你"不仅节省了大量的传统媒体宣传和广告费用，而且还成功获得了与车站、楼盘等跨界合作销售泰迪熊带来的利润。

很明显，依靠互联网的传播和分享，"泰迪陪你"走出了一条属于自己的泰迪熊 IP 营销道路。

事实上，餐饮企业不像文娱产业可以有独特的内容点。餐饮企业要想获得人们的关注，尤其是在 IP 营销中取得成就，就必须开发一个 IP。例如开发一些吉祥物，诸如麦当劳、肯德基以及"泰迪陪你"。

这些餐饮品牌的吉祥物就是企业的 IP。在消费者追捧这些 IP 的时候，对餐饮企业的产品也会付出相应的消费。就像"泰迪陪你"，没有传统餐饮那样特别注重与客户的互动服务，而是依靠开发 IP 并将 IP 与粉丝延伸做到了极致，从而稳固了自己的客户，获得了品牌上的有力宣传。

9.7 电商：唯品会与周杰伦

随着互联网和移动互联网的发展，电商行业在近几年风生水起，很多大企业纷纷去做电商，并且积极与 IP 融合。在这方面，唯品会做得非常有代表性。2016 年 3 月 25 日，唯品会给大家抛出了一个劲爆的话题：牵手亚洲乐坛小天王周杰伦，打造一个惊喜营销。

周杰伦被誉为华语乐坛中的"天王"，可以说每个"80后"的青春里都有他的影子。周杰伦在影视圈乃至整个文化圈内都有很大的影响力，代表着一种特殊的文化符号。站在IP的角度来看，他就是一个顶级IP，而唯品会正是看中了这样一个顶级IP资源。

2016年3月25日当天，唯品会与周杰伦的签约会正式发布。除了有正式的签约发布会之外，唯品会还和多家媒体进行图文、视（音）频的直播，场面十分热闹。

早在这个签约仪式之前，唯品会就曾放出"周杰伦担任唯品会首席惊喜官"的消息，甚至还有周董在唯品会的工作牌，这个内容瞬间刷爆了互联网。人们纷纷转发并且互相分享，当然也少不了谈论这是不是唯品会的噱头。紧接着唯品会官方微博立即做出了反应，抛出了话题＃我的青春杰伦来过＃与粉丝进行互动。

几天之后，唯品会又在官博上发出了更确切的通知："对，我们就是要签周杰伦来唯品会当CJO"，如图9-10所示。这一通知坐实了周董加盟唯品会的消息，使得这一微博获得了上万的转发量。

图9-10　唯品会签约周杰伦为CJO（首席惊喜官）

另外，唯品会选择新浪微博作为签约直播的平台。在这个签约开始之前，微博中就一直放闪"周杰伦正在送惊喜"的内容和话题，部分话题如图9-11所示。

图9-11　唯品会签约周杰伦直播现场

在签约发布会上，唯品会并没有选择传统的方式，即让周杰伦担任唯品会的广告代言人，而是给周董下了一纸聘书，聘请这位华语歌坛天王担任一个首席惊喜官的职位。也就是说，周杰伦成了唯品会的一名员工，这是唯品会给用户带来的最大惊喜。

周杰伦这个首席惊喜官的职位，主要是负责唯品会品牌宣传这一方面。就连唯品会的会员用户，也都在第一时间收到周杰伦送出专享豪礼的短信通知。

同时，周杰伦入职当天就表示，做的第一件事就是把唯品会原有的广告词"精选品牌、深度折扣、限时抢购"改成个性十足的"都是傲娇的品牌，只卖呆萌的价格，上唯品会，不纠结"。这是唯品会带给粉丝的第二份大惊喜，而且这个广告词也真真切切地展现出了周董独有的个性和风格。

签约之后，在各大电视台的唯品会广告中，全都换上了周杰伦的广告，以及周杰伦亲自选定的"傲娇呆萌"版广告词。甚至在唯品会官方微信公众号中，也及时出现了周杰伦送惊喜等优惠促销活动。

很显然，有了周杰伦这个大IP，唯品会的影响力将越来越大。虽然牵手周杰伦是傍大IP，但是因为给周杰伦下聘书，聘请周杰伦为"首席惊喜官"这个事件和内容，让唯品会摇身一变成为开发和制造IP的角色。

在确定与周杰伦签约之后，唯品会为了进一步加人后劲营销力度，于是又趁热打铁地策划了一个＃小唯，我想跟周杰伦做同事＃的招聘首席惊喜官助理这个事件。

唯品会这次在微博中更是放大招、亮闪，晒出周杰伦在唯品会首席惊喜官的工作牌等，如图9-12所示。一瞬间，唯品会人事部门的邮箱里塞满了应聘的邮件，各种"不要钱，只为周董""无条件为周董服务"等的应聘书也让唯品会变得异常火爆。很明显，周杰伦的明星效应和影响力，对唯品会的宣传来说功不可没。

另外唯品会制造"跟周杰伦做同事"的事件营销，让周董的粉丝或者其他路人都能有机会与天王巨星成为同事。而且在招聘信息上唯品会开始走情怀路线，通过勾起粉丝的青春回忆来制造这次唯品会的IP营销点。因此，自然会吸引到越来越多的人关注唯品会，从而促成广泛的二次传播，进而扩大唯品会的宣传范围。

可见粉丝经济的消费驱动力是十分强大的，很多品牌商邀请明星代言正是看中了明星自身的IP力度和影响力。由于周杰伦已经出道十几年，而且依然拥有一个庞大、稳固的粉丝团体，所以就周杰伦本身的IP影响力来说，能出任唯品会首席惊喜官一职自然会吸引到众多粉丝的自动转发。

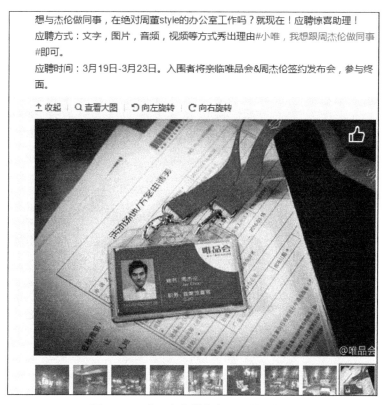

想与杰伦做同事，在绝对周董style的办公室工作吗？就现在！应聘惊喜助理！
应聘方式：文字，图片，音频，视频等方式秀出理由#小唯，我想跟周杰伦做同事#即可。
应聘时间：3月19日-3月23日。入围者将亲临唯品会&周杰伦签约发布会，参与终面。

↑ 收起 | Q 查看大图 | ↻ 向左旋转 | ↺ 向右旋转

图 9-12　唯品会官微发布周杰伦工作牌

事实上，在唯品会之前，就已经有很多品牌邀请周杰伦担任品牌代言人，例如美特斯邦威服装、爱玛电动车、伊利优酸乳、优乐美奶茶和途牛旅游等。但这些品牌都是采用明星效应向明星粉丝示好的策略，通过粉丝营销来达到品牌营销的目的。可以说在这种策略中，企业处于一种被动地位。

而此次唯品会则在传播策略上做了转变，从被动转为主动，用攻心的方式签约周杰伦成为首席惊喜官，通过品牌人格和品牌与明星的关联，用联动 IP 的效应来征服粉丝以及各种路人。尤其是通过策划"与周杰伦做同事"的活动，将更多的粉丝、路人转换成自己的消费者。

与粉丝进行多元化互动，让唯品会策划的每个话题引爆点都落在了受众身上，在与用户形成深度互动的同时，也让自己的电商品牌更加真诚有趣。

附 录

爆款 IP 线路图图谱

　　本部分以图谱的形式，高度概括了 IP 体系中的基本知识和重点知识。其中总结了 6 张图谱，分别介绍了 IP 的概念与属性、兴起与发展、形成三阶段、组成四元素、IP 指数类型以及 IP 经理（运营者）的素质等。这部分内容的作用一是对正文给予一定的补允，二是便于读者以最快的速度、花最少的时间来了解什么是 IP。

爆款 IP 线路图 1：概念与属性

就像当初互联网思维、网红刚兴起时一样，当 IP 突然诞生之后，很多人是既惊喜又害怕。惊喜的是这可能是互联网商业形态下又一个风口，充满了大量掘金的机会；害怕的是这可能又是一个泡沫，会让大家空欢喜一场。

其实 IP 不是一种现象，而是有价值、有内容输出的。现象只是大家从表面看到的，背后其实是一场实实在在的智慧、能力与资本之战。

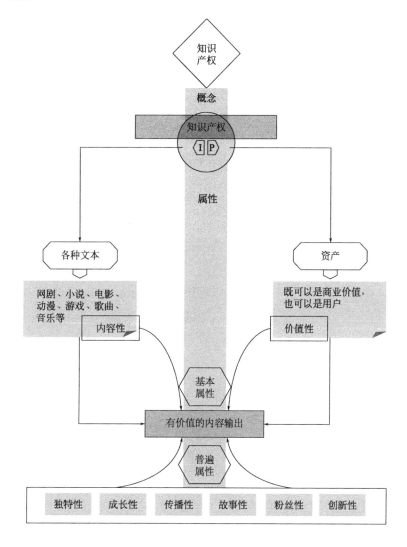

爆款 IP 线路图 2：兴起与发展

IP 的概念兴起于 20 世纪 90 年代，以美国、日本等动漫为代表，如《超人》《蝙蝠侠》《海贼王》《名侦探柯南》《火影忍者》。

国内的 IP 兴起于 20 世纪 90 年代末，主要集中在网络小说领域。当时一大批网络小说兴起，发布在阅读论坛、文学网站上，以供爱好者们阅读。

爆款 IP 线路图 3：形成三阶段

IP 的起源层，又叫源头阶段。这种形态的 IP 可以是小说、漫画、动画、电影等，或者是多个类型的综合体，即并不局限在某一个类型。

IP 的拓展层，又叫发育阶段。这一阶段的作用是进一步扩大 IP 的影响力，获取更多的受众。

IP 的获利层，又叫收获阶段。通过前两个阶段的创造和建设，IP 已经能够在多个领域进行套现，达到名利双收。目前，最有力的套现手段应该就是游戏和电影了。

以《盗墓笔记》为例，其小说版本就是起源层；电影版、游戏版就是拓展层；最终收获高票房，获得了众多粉丝和玩家的认可，将玄幻、侦探文学推向了一个新的高峰，就代表着进入了获利层。

关于获利层，并不是每个 IP 都可以达到的。很多 IP 在第一个或第二个阶段就死掉了，这也是判断一个 IP 最终能否成为爆款 IP 的重要标志。

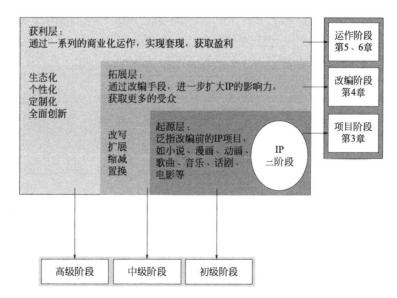

爆款 IP 线路图 4：组成四元素

价值观、内容、故事和呈现形式是 IP 项目的四个组成元素。从价值观到呈现形式，由内到外层层外延，分别代表了 IP 的四个层级，开发的层级越接近核心，IP 的价值就越大。内容好、价值高的 IP 项目，最能经得起时间的考验，从而成为真正的常青 IP。

最核心元素：价值观，是 IP 的灵魂。任何一个爆款 IP，都必定有自己的价值观、世界观和真正的思想体系。

第二层元素：内容，对整个 IP 起着重要的作用。就像人的骨架是人身体的支撑一样，内容决定着一个 IP 的质量和价值。内容通常包括如风格选择、人物设定、故事发展、矛盾冲突、环境特写，以及与之相关的其他细节等，因此 IP 的内容必须从多个层面去打造。

第三层元素：故事，就像人的血与肉，是 IP 的主要表现形式。只有讲好一个故事，内容才能显得有血有肉、异常丰满。

第四层元素：表现形式和外在元素，这是 IP 的最表层，也叫作 IP 的外衣，能对观众的视觉效果、心理感受形成最直观的冲击力。

前三层元素是 IP 最浅层的工具，都是可被替换的，主要用以维持消费后的短暂狂热。价值观元素是永恒的，是 IP 的生命线，也是 IP 最终可实现的经济效益和社会效益的关键引擎。

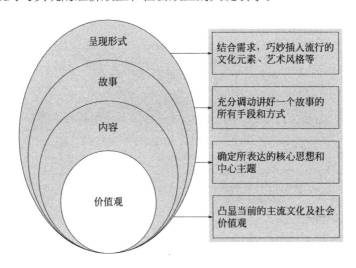

爆款 IP 线路图 5: IP 指数类型

一个 IP 价值的大小，通常需要根据不同的指数进行衡量。目前，衡量 IP 价值大小的指数主要有两个：一个是源 IP 价值指数，另一个是商业价值指数。在具体的衡量中可以按照两个指数值以及两者的差值进行，即商业价值指数 – 源 IP 价值指数。

价值指数计算方法具体如下。

1. 源 IP 价值指数

是基于 IP 的百度指数和大众认知度，以其中最高的一位为基准，对其他 IP 进行等比例换算。

如 IP A 估值 500 万元，IP B 估值 300 万元，B 与 A 的指数比例就是 3 ∶ 5，已知 B 的百度平均指数与 A 的比例又是 4 ∶ 3，这时 B 与 A 的综合指数就是 12 ∶ 15，如果 B 确定为 10（此数值为固定值），那么 A 则为 12.5。

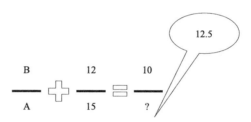

如《鬼吹灯》卖了 1000 万册，《小时代》卖了 800 万册，《小时代》与《鬼吹灯》的指数比例是 4∶5，但《小时代》的百度平均指数与《鬼吹灯》是 4∶3，那么综合就是 16∶15，确定《小时代》为 10，《鬼吹灯》则为 9.4（本来为 9.375，约等于 9.4）。

值得提醒的是，IP 价值指数不等于其真正被购买的价值，IP 购买的价值是随着版权价格而波动的。在版权价格暴涨的当下，IP 购买的价值通常远远高于 IP 自身的价值（价值指数）。

2. 商业价值指数

是指按照某一类 IP 的最高标准，根据票房、收视率以及点击率等方式来确定。

如电视剧 IP,《芈月传》的价值指数最高（按照收视率进行排名），其商业指数就可以确定为 10（此数值为固定数值），其他电视剧根据收视率和网络播放量进行比例换算；再如网剧IP依据点击量确定《太子妃升职记》最高，同理可确定为10，其他网剧根据网络总播放量进行比例换算。

值得注意的是，IP指数并不能绝对地反映该IP价值的大小。其实，这是相对的衡量标准，体现的是性价比。商业价值指数与源IP价值指数的差值越大，性价比越高，反之则越小。

如《夏洛特烦恼》虽然票房并不是最高，但源IP由于知名度不高，IP价值本身较低，所以其性价比相对来说就相当高。

《何以笙箫默》则相反，作为顾漫的经典言情小说，读者基数大，知名度高，本身IP的价值就不可小觑，再加上2015年初电视剧的加持，本应有良好的表现，却因为制作品质欠佳不及预期，白白浪费了这个大好的IP。

因此，这些指数因IP类型不同、IP源不同，分布形式也不同。以电影IP为例，根据改编源的不同，如小说、话剧、动画、歌曲、综艺节目等，表现形式也不尽相同，具体如下图所示。

电影IP类型各指数分布图

（上图显示：电影IP来源越来越多样化，以往基本上是以小说为主，很多大电影都改编自同名小说；但随着话剧、动画、综艺节目、歌曲等参与其中，小说IP的主导地位逐步下降，多元化改编开始兴盛。）

爆款 IP 线路图 6：IP 经理（运营者）的素质

　　IP 经理是一个新型的职业，被称为创新大潮中的"稀有职业"。这个职业与品牌经理类似，但又融入了新的工作内容，同时扮演着产品经理、BD(商务拓展)经理、运营经理等多种职业角色。一个 IP 经理要具有以下四项最基本的素质。

IP 经理应具有的基本素质		
素质一	擅长内容运营 擅于洞察人性	IP 是一种无形的底层建设，强调文化观、价值观等。而这些最终要通过"内容＋产品／服务"的结合来体现。 IP 是内容产业，内容就是产品，内容就是服务，只有好的内容才能赢得消费者的认可。因此，作为 IP 运营者，无论做什么行业的 IP，都要明确自己的内容是否有创意、是否符合大多数人的内心需求等
素质二	懂粉丝经济	明白这个岗位的最终目标就是给消费者，尤其是忠诚粉丝带来价值。因此对于 IP 经理来说，与其他职业最大的不同就是必须阶段性地进行消费者、粉丝调研，与他们充分交流，听取他们的意见。通过互动和交流高频度地挖掘数据，收获各种标签数据。甚至在 IP 项目还在酝酿时，就要请粉丝参与，一起"协同作战"，让他们参与到 IP 的设计、研发、营销等各个环节中来
素质三	有变现意识	IP 作为一个文化产品，价值的实现最终还要通过变现能力来衡量。因此，作为 IP 经理必须时刻思考：IP 价值是什么？能否变现？用在什么领域可实现变现的最大化？与谁合作可产生更好的并实现可持续性的变现？
素质四	注重创新 为自己的产品 寻求专利保护	一个称职的 IP 经理人必须成为对整个企业各技术环节都非常熟悉的人，并懂得市场前沿趋势，能准确判断每个创新是否值得申请专利。在这一过程中，IP 经理人既需要引导研发和生产部门重视创新，也需要在必要的时候为某些专利申请说服自己的上级